글쓰기, 어쩌다 노하우

# 글쓰기, 어쩌다 노하우

| | |
|---|---|
| 발행일 | 2023년 10월 11일 |

| | | | |
|---|---|---|---|
| 지은이 | 김미예, 김위아, 서영식, 서한나, 송진설, 안지영, 이경숙, 이영숙, 이윤정, 정성희, 황은희 | | |
| 펴낸이 | 손형국 | | |
| 펴낸곳 | (주)북랩 | | |
| 편집인 | 선일영 | 편집 | 윤용민, 배진용, 김부경, 김다빈 |
| 디자인 | 이현수, 김민하, 임진형, 안유경, 한수희 | 제작 | 박기성, 구성우, 배상진 |
| 마케팅 | 김회란, 박진관 | | |
| 출판등록 | 2004. 12. 1(제2012-000051호) | | |
| 주소 | 서울특별시 금천구 가산디지털 1로 168, 우림라이온스밸리 B동 B113~114호, C동 B101호 | | |
| 홈페이지 | www.book.co.kr | | |
| 전화번호 | (02)2026-5777 | 팩스 | (02)3159-9637 |
| ISBN | 979-11-93304-85-3 13190 (종이책) | | 979-11-93304-86-0 15190 (전자책) |

**(주)북랩** 성공출판의 파트너
북랩 홈페이지와 패밀리 사이트에서 다양한 출판 솔루션을 만나 보세요!
**홈페이지** book.co.kr • **블로그** blog.naver.com/essaybook • **출판문의** book@book.co.kr

**작가 연락처 문의 ▸ ask.book.co.kr**
작가 연락처는 개인정보이므로 북랩에서 알려드릴 수 없습니다.

평범한 사람들의 인생을
위대하게 바꿔 주는
글쓰기의 비밀

# 글쓰기,
# 어쩌다 노하우

김미예, 김위아, 서영식, 서한나, 송진설, 안지영,
이경숙, 이영숙, 이윤정, 정성희, 황은희 지음

자신의 삶을 되돌아보고
자신을 사랑하는 법을 알려주는
글쓰기 입문서!

 북랩

## 들어가는 글 – 한 줄 메모가 글로 탄생하기까지!

첫사랑처럼 설렜습니다. 인생 멘토 이은대 작가처럼 되고 싶어서 한 줄 한 줄 기록으로 남겼던 게 시발점이었습니다. *끄적끄적* 낙서하듯 남겼던 단어가 문장이 되고, A4용지 1.5 매를 채웠습니다. 글쓰기에 관한 나의 경험을 쓰려니 가슴이 두근거립니다. 사람들에게 글쓰기를 전하고 싶었습니다. 글을 잘 써서가 아니라 나같이 평범한 사람도 글을 쓰고 책을 출간할 수 있다는 것을 알려주고 싶어서 쓰기 시작했습니다.

여기, 열한 명의 라이팅 코치가 각자 경험한 이야기를 글로 풀어냈습니다. 글을 쓰고 싶으나 자신감이 부족한 사람들을 위해, 개인이 겪었던 에피소드가 많음에도 이렇게 써도 될까 방설이는 분에게, 누가 내 글을 읽기나 할까 걱정하는 분에게, 조금은 수월하게 쓸 수 있는 나름의 방법들을 상세하게 제시해 주고 있습니다.

주제는 어떻게 정하지? 책을 쓰려면 적어도 A4용지 1.5매는 써야 한다는 데 무엇으로 채우지? 내 이야기를 어떻게 전달해 주지? 내가 쓰는 모습을 있는 그대로 보여 줄 수 있을까 등등으로 고민하실 겁니다. 그러나 고민하거나 걱정할 필요 없습니다. 저와 라이팅 코치들도 그랬으니까요. 하루 동안 있었던 일상에 관심을 가지고 기록으로 남기는 것부터 시작하면 됩니다.

사람들은 자신과 비슷한 경험에 공감한다고 하지요. '어머! 저건 내 이야기인데! 나도 그랬는데.' 하며 빠져들게 됩니다. 별것 아닌 소재라고 생각했던 이야기가 사람들의 마음에 와닿는 경우 많습니다. 우리 이웃의 이야기니까요.

이 책을 읽는 독자가 나도 글을 써 볼까? 용기를 낼 수 있다면, 끄적끄적 글로 옮겨 적을 수 있다면 기적 같은 삶을 누릴 수 있을 거라 생각합니다. 찰나의 순간을 글로 써서 다른 사람들이 웃을 수 있으면 좋겠습니다. 독자의 삶에 작은 변화라도 생긴다면 흐뭇할 것 같습니다.

1장에서는 열한 명의 작가가 독자에게 전하고자 하는 핵심 메시지인 '주제 정하기'에 대해 썼습니다. 즉, 일상 모든 보고 들은 것이 주제가 될 수 있다는 것을 알려주고 있지요. '이 정도면 나도 쓸 수 있겠는걸?' 독자들이 이렇게 편안하게 받아들였으면 하는 마음입니다.

2장에서는 한 편의 글을 쓸 때 꼭 지켜야 하는 '분량 채우기'에 관해 자신의 경험을 밑바탕에 깔고 에피소드와 메시지를 담을 수 있게 열어 두었습니다. 이 단계에서는 분량 때문에 고민하는 사람들을 위해 몇 가지 방법을 제시해 줍니다. 오늘 있었던 일, 최근 좋거나 슬펐던 일, 글을 쓰면 달라지는 것 등을 쭉 나열해 놓고 거기서 키워드를 뽑아, 내 경험을 쓰고 인생과 연결합니다. 그러면 걱정했던 분량에 대한 부담이 확 줄어듭니다.

글을 쓰는 작가는 나를 가감 없이 드러낼 수 있어야 합니다. 3장에서는 숨어 있던 나를 세상 밖으로 끄집어냈습니다. 있는 그대로 보여 줄 수 있어야 독자와의 신뢰가 쌓이겠지요.

마지막 4장에서는 '매일 쓰는 습관 만들기'가 주는 기회, 인생 최고의 순간을 누릴 수 있고, 삶 또한 달라지고 있다는 점을 담았습니다. 내가 가시고 있는 습관이 글쓰기는, 녹서는, 일기 쓰기는 쓸 수 있다는 것은 축복입니다. 나를 단단하게 만들어 가는 길입니다. 매일 쓰는 습관으로 인해 생각이 깊어지고, 쓰는 행위는 자신을 지켜 줄 겁니다.

부끄러워 표현하지 못하고 웃지도 않던 내가 글쓰기를 만나 하얀 이를 드러내며 활짝 웃었습니다. 글을 쓰면서 마음을 진정시키기도 했습니다. 직장 생활에서 오는 스트레스, 아이들을 키우며 일하는 엄마로 주저앉고 싶은 마음을 추스를 수 있었습니다. 인상이 좋아졌다는 말도 많이 들었습니다. 매일의 기록이 도움이 되었습니다. 쓰면서 다른 사람의 입장도 생각할 수 있게 되었고, 질문에 대해서도 관심 갖게 되었습니다. 눈에 보이는 모든 것을 쓰고 싶다는 생각도 했습니다. 글쓰기가 내 안으로 깊숙이 파고 들어왔습니다. 내가 쓴 글을 읽으면서 좀 더 쉽고 적확한 단어가 없을까? 이렇게 쓰면 독자도 따라 쓸 수 있을까? 다른 사람이 쓴 글을 읽고 마음이 움직여 끄적이는 사람을 발견한다면 글을 쓴 보람이 있겠지요.

매일 글을 쓰는 공간은 일기장, 블로그 등입니다. 일상, 업무 이야기, 하루 일과 늘어놓기, 글쓰기에 대한 나의 생각 등을 쓰기 시작했습니다. 매일 쓰고 있는 글쓰기 선생님을 보고 따라 해 보기로 했습니다. 스승을 따라 하다 보니 저도 모르게 쓰게 되었습니다. 주변에 힘들어하는 사람들에게 글쓰기를 권합니다. 혹자는 자기가 뭐라고 글쓰기에 대해 말하는 거야 뒤에서 수군거릴 수도 있습니다. 괜찮습니다. 쓰는 사람과 쓰지 않는 사람의 인생이 확연히 달라질 테니까요. 지난날을 곱씹어 보거나 망설인다면 후회만 남습니다. 지금 한 줄 쓰기를 시작하면 좋겠습니다. 글쓰기는 나의 경험과 지식을 바탕으로 다른 사람에게 도움을 주는 행위입니다. 열한 명의 작가가 각자 자신의 경험을 나누어 준 이야기에 마음이 움직인다면 더 바랄 것이 없겠습니다.

3년간 [이은대 자이언트 북 컨설팅]의 대표인 이은대 작가로부터 글쓰기/책쓰기 수업을 듣고 함께 참여하는 글 동지들을 만났습니다. 평생회원으로 다양한 혜택을 누리며 공부하고 있습니다. 삶으로 증명해 주는 이은대 작가의 글과 강의 덕분에 매일 기적을 경험합니다. 단 한순간도 놓치고 싶지 않습니다.

그냥 휘갈긴 낙서가 한 줄 문장이 되고, 어쩌다 글을 쓰는 작가가 되었습니다. 쓰면서 나름의 노하우도 익히게 되었습니다. 내가 쓰는 한 편의 글에 의미와 가치를 부여함으로써 다른 사람에게 동기부여를 줄 수 있다면 그것만으로도 글을 쓰는 이유로 충분하겠지요.

차례

# 2장 분량 채우기

# 3장 나를 드러내는 순간

## 4장 매일 쓰는 습관 만들기

# 1장

# 주제
# 정하기

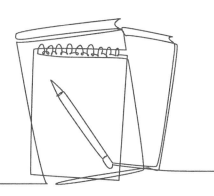

# 단 한 사람을 위해

김미예

내 글을 읽는 사람들에게 무엇을 줄 수 있을까요? 글을 쓸 때마다 고민합니다. 쓸 거리가 정해져 있다면, 주제를 잘 잡을 수만 있다면 글을 쓰기도 수월하겠지요. '주제는 이래야 한다'라는 기준은 없습니다. 내가 쓰는 글이 독자에게 도움이 될 것인가 생각해 보아야 할 문제입니다. 독자에게 전할 말이 쉽고 간결하고 명확해야 합니다. 초등학교 3학년이 읽어도 이해될 정도라면 더할 나위 없겠지요. 직장 생활 속 인간관계, 부부 갈등, 책 속 문장 등 일상 보고 들은 모든 경험이 주제가 될 수 있습니다.

그렇다면 주제란 무엇일까요? 작가가 독자에게 전하고자 하는 핵심 메시지입니다. 한 편의 글, 1.5매 분량의 뼈대라고 할 수 있는데요. 독자에게 도움이 되는 핵심 메시지가 명확하고 이를 뒷받침할 수 있는 경험, 또는 다양한 사례를 적습니다. 마지막으로 핵심 메시지를 한 번 더 써 주면 한 편의 글이 완성됩니다. 만약 주제가 희미하거나 생각 없이 쓴다면 횡설수설 무슨 말인지 알 수 없습니다.

SNS 시대입니다. 시대 분위기를 읽어야 독자의 마음에 닿습니다. 독자는 독서를 통해 자신에게 도움이 될 만한 것에 주목합니다. 첫 문장을 읽고 다음 문장을 읽게 하는 것이 중요하겠지요.

보통 주제를 명확하게 정하고 글을 쓰기 시작해야 한다는 말에는 반론의 여지가 없습니다. 그런데 주제를 정하기가 어려워 쓰고 싶은 글을 나열하듯 쓸 때가 많았습니다. 쓴 글을 보고 키워느를 뽑아 한 편의 글을 겨우 썼던 기억도 납니다. 누구에게나 아프고 괴로웠던 경험, 행복했던 기억이 있습니다. 작은 성공, 실수와 실패를 통해 배우고 또 살아갑니다. 마땅한 주제가 떠오르지 않는다면, 과거 실패 경험을 떠올려 보세요. 힘들고 절망했던 순간에도 다시 살 수 있었던 이야기가 감동과 교훈을 줍니다.

하루 한 편의 글을 블로그에 씁니다. 시시콜콜한 내용이 많습니다. 구성을 잡고 쓰는 날은 내가 읽어 봐도 무슨 말을 전하려고 하는지 한눈에 보이는데, 억지로 쓰면 나열에 불과합니다. 독자에게도 외면당할 수 있습니다. 매일 머릿속으로 오늘은 어떤 글을 쓸까. 있었던 일을 처음부터 끝까지 쓰기도 하고 특별하게 생기는 감정을 적기도 합니다. 예전에는 편지를 자주 썼습니다. 글 쓰는 데 도움이 되었지요. 누구에게도 보여 주기 민망한 일기를 쓰면서 기억해야 할 것들을 순간순간 적기에 바빴습니다. 시간 날 때 한 번씩 읽으면서 숙이에게 이런 말을 전해 줘야지. 마루공인 김 대표님에게 힘을 실어드려야겠다. 아니지 오늘은 남편에게 전화해서 고맙다는 말을 해 볼까 등 혼자 내가 쓸 글에 대해 주제를 떠올려 보기도 합니다.

꾸준하게 포스팅한 지 2년째입니다. 현재까지 2,100여 건의 포스팅 건수가 있습니다. 쓸 거리가 있는 날에는 신이 나서 썼고, 쓰기 싫은 날에도 억지로 끄적였고, 피곤한 날은 횡설수설 졸면서 휘갈겼습니다.

처음 백지를 마주했을 때는 뭘 어떻게 써야 할지 막막했습니다. 시작이 두려웠던 거지요. 또 내가 발행하는 글을 읽고 불편한 댓글을 쓰는 사람이 생기면 어쩌나 걱정도 했었는데요. 지금은 내 글을 읽어주는 독자들만 생각하면서 감사한 마음으로 글을 씁니다. 단 한 사람을 위해 '그냥' 씁니다. 블로그에 쓴 글이 100여 편쯤 쌓였을 때 뿌듯했습니다. 2년쯤 지나 2,100여 편이 있다고 생각하니 겁날 게 없다는 생각이 들었습니다.

블로그에 쓴 글이 주제를 정할 때 재료가 된다는 사실을 알았을 때는 나도 모르게 떨리고 설렜습니다. 써둔 글이 많으면 그만큼 참고할 내용이 풍부합니다. 부담도 확 줄어듭니다. 매일 쓸 수 있는 동력도 생기지요. 꾸준하게 연습하면 지치지 않고 지속할 수 있습니다. 평소 하지 않다가 갑자기 하려면 힘도 들고 중도 포기할 확률이 높습니다. 연습과 훈련이 필요합니다. 하나의 주제로 A4용지 1.5매 이상의 글을 써본 경험이 부족하면 숨이 찹니다. 잘 쓰고 싶다는 욕망 잠시 내려놓고, 못 쓰는 글을 많이 써보라고 권해봅니다. 물리적 양을 많이 확보하는 겁니다.

머리를 식히기 위해 드라마를 자주 봅니다. 유독 튀는 연기자들이 있는데 그들은 역할을 잘 해내기 위해 연습하고 또 연습하고, 그럼에도 부족하다는 생각이 들 때는 전문가의 도움을 받아 완벽하게 소화해 내기 위해 노력한다고 합니다. '어쩐지 연기 잘하더라.' 그 배우를 좋아하고 응원합니다. 얼마나 많은 연습을 했느냐에 따라 대사도 자연스러울 테니 말입니다. 연습하지 않으면 금방 티가 납니다.

하루 평균 70여 명의 다양한 광고주와 상담합니다. 특성상 내용이 모두 다릅니다. 16년 동안 부동산 광고 시장에서 매일 연습하고 상담했습니다. 고객의 문제를 해결해 드렸지요. 덕분에 오늘까지 버텨냈습니다. 거창하지 않아도 됩니다. 있었던 일, 내 이야기를 소탈하게 쓰는 겁니다. 내가 글을 쓰지만, 때론 글이 글을 쓸 수 있게 해주기도 합니다.


주제를 정하는 것은 머리로 쓰는 것이 아니라 손으로 쓴 나의 글이 있어야 가능합니다.

첫째, 매일 꾸준하게 다양한 글을 써야 합니다. 키보드 위에 손가락을 얹고 타닥타닥 소리에 맞춰 글을 쓰면 됩니다. 누구에게 보여 준다는 강박에서 벗어나 나의 글을 쓴다고 생각하면 조금은 가벼워집니다. 연습이니까요. 겁날 게 없다는 말입니다.

둘째, 쓰다 망치거나 파일이 날아가면 기꺼이 다시 쓰겠다는 마음으로 쓰면 좋겠습니다. 있었던 일을 끄적끄적 기록합니다. 내가 쓴 글을 읽어 봅니다. 마음에 드는 구절 하나만 선택하여 독자에게 전해줄 '주제'를 뽑아 씁니다. 만만치 않은 이 일을 하다 보면 제법 선명한 주제를 뽑아내는 데 자신감이 생길 겁니다.

셋째, 독자가 나를 기다리듯 나 또한 독자를 사랑하는 마음으로 써야 합니다. 그래야 신이 나서 쓰게 됩니다. 이렇게도 써보고, 저렇게도 생각해 보고. 이 과정에서 한층 성장합니다. '과정'이야말로 충분한 성장이니까요. 사건, 상황, 돌발 사태 등에 관한 내용이면 독자도 반응이 있겠지요. 초보 작가는 지식과 경험이 부족하고 주제를 정한다는 것부터가 쉽지 않기 때문에 그렇습니다.

주제 선정할 때는 두 가지를 고려해야 합니다. 첫째, 독자입니다. 둘째, 돕겠다는 마음입니다. 누구에게 어떤 도움을 줄 것인가. 이것이 주제입니다. 한 권의 책을 집필하는 동안 오직 '주제'만 생각하는 것이죠. 집중해야 하고, 책임감을 느껴야 하며, 푹 빠져들어야 합니다. 전하고자 하는 메시지를 분명히 정하고, 자신의 경험담으로 논리를 뒷받침하며, 독자의 이해를 돕기 위해 쉽고 분명하게 집필해야 합니다. 독자는 내 책을 읽으며 공감, 위로, 희망 등을 갖게 됩니다. 어쩌면 다시 살아야겠다 결심하게 될지도 모르고요. 다소 부담스럽게 느껴지기도 하겠지만, 적어도 이 정도 마음으로 글을 써야 독자 앞에서 떳떳할 수 있을 겁니다.

**1-2**

김위아

# 네 주제를 알라

저, 김위아는 라이팅 코치입니다. 수업 전에 리허설합니다. 의자에 가상 수강생, 키티 인형이 앉아 있습니다. 키티는 늘 변신해요. 오늘은 41세 워킹맘이자 1인 기업가, 진소미 씨입니다. 대학 졸업 이후로 글쓰기에선 손을 뗐어요. 걱정이 많아요. 자기 이름이 적힌 책을 출간하고 교보에서 사인회도 하고 싶어 해요. 꿈을 이루도록 눈높이에 맞게 코칭할 거예요.

3년 6개월간 개인 저서 네 권, 공저 두 권, 전자책 세 권 썼습니다. 총 아홉 권 쓰면서 '글쓰기, 어쩌다 노하우'를 얻었죠. 4강에 걸쳐 조곤조곤 쉽게 알려드릴게요!

## [1강] 네 주제를 알라

반가워요, 소미 씨! 지난주에 무료 특강 듣고 정규 과정 신청하셨네요. 감사해요. 그때 질문을 남기셨죠.

"주제부터 꼭 정하고 써야 할까요?"

이해하기 쉽게 글쓰기를 여행에 비유해 볼게요. 목적지를 정해야 기차표든 비행기표든 예매하겠지요? 무작정 떠나면 고생할 테고요. 제주도에 간다면서 강원도행 기차를 타러 가면 안 되잖아요. 주제는 내비게이선이자 목적지예요. 글의 방향을 잡아줘요. 책 쓰기는 장거리 여행이에요. 누구를 위해, 어떤 메시지를 전할 것인지, 왜 쓰려는지를 명확히 하고 출발해야 헤매지 않아요. 일기는 아무거나 써도 괜찮아요. 나만 보거든요. 책은 어때요? 독자가 제목과 목차를 보고 정보를 얻으려고 돈을 내요. 주제가 한눈에 보여야 지갑을 엽니다.

"혹시, 제목 보고 소크라테스를 먼저 떠올리셨나요?"

어느 쪽도 괜찮아요. 우리에겐 둘 다 필요해요. 책은 작가의 경험과 지식을 담는 그릇입니다. 나를 먼저 알아야, 내 책의 주제도 정합니다.


## [2강] 글감 찾아 삼만 리

"코치님, 뭘 써야 할지 모르겠어요."

소재가 떠오르지 않아도, 쓰고 싶은 게 많아도 고민입니다. 여행 가고 싶은데 어디로 갈지 모를 때가 있죠? 가고 싶은 곳이 여러 곳이라 선택 장애가 올 수도 있고요. 저는 후자였어요. 학원 경영서인데 영어 학습법과 자녀교육까지 전문적으로 다루려 했어요. 하나만 정하기 애

매해서 일단 쓰고 봤어요. 초고 완성하고, 결국 40% 지우고 다시 썼어요. 가야 할 길은 하나인데 이리저리 샛길로 빠졌더니 정체성 없는 글이 되었거든요. 흐릿한 주제 때문에 시간 버렸어요. 체력 소모는 어떻고요. 같은 경험, 드리고 싶지 않아요.

주제 정할 때 세 가지를 생각해요.

**1. 내가 잘 아는 분야는 뭘까?**

**2. 평상시 어떤 질문을 많이 받았지?**

**3. 자기 계발, 어떤 거 했었지?**

분량을 채우려면 아무래도 쓸거리가 많으면 좋아요. 같은 질문을 자주 받았다면, 나눠줄 경험과 노하우를 가지고 있다는 증거입니다. 학원 경영서 세 권을 쓴 이유예요.

그렇다면, 전문 지식이 없는 사람은 책을 못 쓸까요? 그럴 리가요! 초보가 왕초보를 가르치는 시대예요. 『예술과 1센티 가까워지기』는 문화예술 독서 모임 1년하고 썼는걸요. 그전까진 예술 일자무식이었어요. 여전히 초보지만, 입문인을 위해 용기 냈어요. 관심 분야라서 쓰면서 공부했죠.

오프라인과 온라인 서점에서 장르를 살펴보는 것도 추천해요. 크게 다섯 가지를 벗어나지 않아요.

직업, 가족, 취미, 자기 계발, 고민 해결

직업을 선택한다면, 다른 장르보다는 경험과 노하우가 풍부하겠지요. 워라밸을 꿈꾸는 사람이 늘어났죠. 취미도 괜찮은 글감입니다. 자기 계발 분야에는 쓸 거리가 넘쳐나요. 독서, 건강, 다이어트, 루틴 잡기, 재테크, 부동산 공부, 성장을 위해 배우는 모든 것. 고민거리에는 어떤 게 있을까요? 육아, 재취업, 창업, 집 매매 등이 해당하죠. 가족 이야기도 글쓰기 단골 소재입니다. 세 가지 질문에 답하다 보면, 나에 대해 생각해 보게 되고요. 주제도 좁혀집니다.

## [3강] 모든 문장은 주제를 향해서

서울에서 부산행 고속버스를 타면, 10여 개의 휴게소를 지납니다. 안성, 칠곡, 낙동강의성 휴게소를 만나면, 옳게 가고 있는 거예요. 작가에게도 휴게소와 같은 이정표가 필요해요. 글을 완성하기 전에, 꼭 써야 할 내용을 중간중간에 미리 넣어둡니다. 구조를 짜는 거예요. 전체 밑그림을 그려보는 겁니다. 스케치하고 초고를 시작하면, 일관성 있게 쓸 수 있어요. 콘티(continuity)와 템플릿(template), 들어보셨을까요? 설계도, 구조, 밑그림으로 이해하면 좋겠어요. 영화와 드라마 같은 영상물도, 책과 잡지 같은 인쇄물도 구조 잡고 시작합니다.

『잘되는 학원 다 이유가 있다』를 예로 들어볼게요. '십 보 전진을 위해 일 보 후퇴하는 시간이 필요합니다. 때때로 멈추고 나를 돌아보세요.' 이런 메시지를 가진 글이 있었어요.

초고 시작하기 전에 구조를 세웠어요.


* 고민 제시: 학원 경영 힘드시죠?
* 나의 경험: 저도 10년간 좌충우돌했습니다. 수억 벌었지만, 수억 잃었습니다.
* 원인 발견: 위험 상황에 대처하는 능력을 키우지 못한 채 앞만 보고 달렸습니다.
* 해결 경험: 공부와 독서로 멈추는 시간을 가졌고, 자기 경영과 멘탈 관리로 나를 돌아봤어요.
* 독자 권유: 학원 경영을 잘하고 싶다면, 공부와 독서로 멈추는 시간을 가져보세요.


사업가는 잠자는 시간을 제외하곤 머릿속에 온통 일로 가득해요. 브레이크보다는 액셀러레이터를 밟아요. 과속하다가 학원이 휘청거렸죠. 다른 분들은 같은 일을 겪지 않았으면 했어요. 스토리를 템플릿에 압축해서 정리해 놓으면, 모든 문장이 하나의 메시지로 이어질 수 있어요.


제목 보고 샀다가 내용 읽고 실망한 적 있죠? '제목에 낚였어.' 이런 말… 작가에게 굴욕입니다! 핵심 메시지 정하는 것도 중요하고요! 마지막까지 모든 문장이 맥락을 벗어나면 안 돼요. 인간관계에서 주제넘으면, 사람들이 싫어하죠? 글에서도 주제 넘으면 독자가 외면해요. 기억하세요! 주제가 선명해야 길을 잃지 않습니다. 당신의 메시지가 독자에게 공감과 위로 줄 거예요. 삶의 무게를 덜어주는 건 물론이고요!

# 글 쓰는 생각 키우는 방법

말을 잘하는 사람이 있습니다. 상대방이 듣고 싶은 말을 하고 재미있게 합니다. 말을 많이 하는 것과 잘하는 것은 다릅니다. 듣고 싶은 이야기에 재미까지 더해지면 사람들은 빠져들 수밖에 없습니다. 글을 잘 쓰는 사람은 어떨까요? 글을 쓴다는 것은 머릿속 생각을 꺼내는 일입니다. 2021년 7월 캐나다 퀸스대 조던 포팽크 박사팀의 연구 결과입니다. 하루에 사람들은 평균적으로 6,200번 이상의 생각을 한다고 합니다. 잠자는 시간을 빼면 1분에 6.5번의 생각을 하고 있습니다.

생각을 밖으로 꺼내는 방법은 말이나 글로 할 수 있습니다. 매일 대화합니다. 가족, 친구, 직장동료, 아는 사람들과 이야기를 나눕니다. 말할 때 곰곰이 생각합니다. 때와 장소에 따라서 상황에 맞는 말을 하려고 합니다. 또 다른 방법은 문자로 할 수 있습니다. 메신저로 써서 보내거나 노트나 컴퓨터에 기록을 남깁니다. 말하는 것보다 글을 쓰려고 하면 어렵게 느껴집니다. 생각을 정확하게 전달하기 위해서 한 번 더 고민합니다. 말하기와 글쓰기 둘 다 쉽지 않습니다. 글로서는 말을 다 표현할 수 없고 말로서는 뜻을 다 표현할 수 없다는 말이 있습니다. 말은 하고 나면 다시 주워 담을 수 없습니다. 글은 다시 쓸 수 있지만 쓸거리가 필요합니다.

글쓰기가 힘든 이유 중 하나는 무엇을 쓸지 막막하기 때문입니다. 모처럼 글을 쓰려고 마음먹고 책상에 앉습니다. 컴퓨터를 켜고 새 문서 창을 띄웁니다. 이제 써볼까 하고 생각합니다. 마음처럼 글이 술술 써지지 않습니다. 왜 그럴까요? 글을 쓰려면 글감이 있어야 합니다. 생각을 글로 쓰는 연습을 하면 한 줄이라도 쓸 수 있습니다. 글쓰기가 왜 어렵냐고 지인들에게 물어봤습니다. 평소에 글 쓸 일이 없어서라고 합니다. 지금 생각을 말로 해보라고 합니다. 무슨 말이든지 합니다. 방금 얘기한 걸 글로 쓰라고 하면 무엇을 쓸지 고민합니다. 글쓰기를 배우고 있습니다. 처음에는 뭘 쓸지 어려웠습니다. 지금은 노트나 블로그 글쓰기, 컴퓨터 새 문서에 글을 쭉쭉 써 내려갑니다. 글 쓰고 싶지만 무엇을 써야 할지 모르겠다고 하는 분들에게 저의 방법을 알려드리겠습니다.

말하기보다 글쓰기가 어려운 이유는 무엇일까요? 말하기는 이야기할 거리가 많습니다. 사는 이야기, 추억, 지금 하는 일, 인간관계, 사람, 음식, 날씨, 맛집, 유튜브, 넷플릭스, 경험담 등등 넘쳐납니다. 글도 말하듯이 쓰면 됩니다. 말하는 내용을 글감으로 만들 수 있습니다. 날씨를 주제로 글을 써 보겠습니다. 날씨와 관련된 경험을 메모합니다. 날씨와 음식, 좋아하는 날씨와 이유, 날씨와 음악, 영화 등 쓰려고 하면 내용이 떠오릅니다. 평소에 생각하지 않으면 쉽지 않습니다. 날씨라는 단어만

써놓고 가만히 지켜만 봅니다. 사람의 뇌는 사용하는 만큼 발달합니다. 글을 쓰겠다고 뇌에 입력하면 글감을 찾기 시작합니다. 경험하고 학습할수록 계속 발전하고 성장합니다.

일상이 좋은 글감입니다. 글감을 찾으려면 관찰해야 합니다. 평소에 그냥 지나치는 것도 글감이라고 생각하면 쓸 수 있습니다. 매일 출퇴근하면서 일어나는 일도 글로 쓸 수 있습니다. 며칠 전입니다. 출근실 시하철에서 힘들게 계단을 내려가시는 할아버지를 봤습니다. 나이가 들수록 건강을 챙겨야겠다고 생각했습니다. 그날 이후 실내 자전거를 타고 있습니다. 지하철 안에서도 글감이 보입니다. 사람들의 행동, 표정, 옷차림, 타고 내릴 때 모습입니다. 스마트폰으로 무엇을 하는지, 책을 보는 사람이 있으면 (거의 드물긴 합니다만) 어떤 책인지 검색도 해 봅니다. 집에서도 마찬가지입니다. 아내와의 대화, 식사 시간, 자녀의 행동 등등 모든 것이 글감입니다.

주제는 머릿속 생각만큼이나 많습니다. 다만, 어떻게 써야 할지 몰라서 못 쓸 수 있습니다. 글쓰기 방법이 있습니다. 내가 하고 싶은 말을 먼저 한 줄 씁니다. 예를 들면 '감정에 휘둘리지 말고 감정을 관리하세요'라고 주제를 정합니다. 감정에 휘둘러서 힘들었던 경험, 감정을 잘 관리하는 사람 예시, 감정 관리를 잘하면 좋은 이유 이렇게 세 가지를 씁니다. 요리할 때 조리법이 있는 것처럼 글쓰기도 정해진 양식이 있습니다. 글쓰기 템플릿이라고 합니다. 구성 양식에 맞춰서 주장, 근거, 사례, 주장 순서대로 쓸 수도 있습니다. 다양한 양식이 있습니다. 처음부터 양식에 맞출 필요까지는 없습니다. 글쓰기를 시작하는 분들은 그냥 내 생각을 쓰면 됩니다. 오늘 있었던 일, 나의 기분과 느낌, 먹은 음식 등 하나씩 써 봅니다. 잘 쓰겠다는 마음보다 일단 한 번 그냥 써보겠다 가 필요합니다. 꼭 컴퓨터로 작성하지 않아도 괜찮습니다. 작은 메모장 을 하나 옆에 두고 단어를 쓰고 짧은 글을 씁니다.

사물을 주제로 글로 쓸 수도 있습니다. 눈에 보이는 물건을 찾아서 글을 씁니다. 물건에 얽힌 추억, 느낌, 어떤 용도로 쓰이는지 쓸 수 있 습니다. 지금 제 앞에 스마트폰이 있습니다. 스마트폰으로 어떤 글을 쓸지 생각해 봅니다. 처음 샀을 때 기분, 어떤 기종을 썼는지, 떨어뜨려 서 깨질 뻔했던 일, 스마트폰이 없다면 어떨까, 사진에 얽힌 추억, 주로 사용하는 기능, 내가 스마트폰이라면 어떤 느낌일까 등. 자세히 보고 있으면 쓸 내용이 생각납니다. 글쓰기 주제를 쉽게 찾기 위한 연습법은 글감을 계속 생각하는 것입니다. 다른 시선으로 바라보는 연습도 필요 합니다.

단어를 계속 생각하고 꼬리 물기를 하는 방법도 있습니다. 목욕탕을 주제로 글을 쓴다고 할 때 연상되는 단어를 써봅니다. 목욕탕, 비누, 샴 푸, 온탕, 냉탕, 씻는 순서, 어릴 때 추억, 목욕 끝나고 마시던 음료수 등 등 떠오르는 대로 단어를 써보고 경험을 연결합니다.

처음 자전거 타는 법을 배울 때를 떠올려 봅니다. 네발자전거(아동용 보조 바퀴가 붙어 있는 자전거)부터 시작합니다. 안정감이 있습니다. 맘껏 페달을 밟으면 됩니다. 두발자전거로 바꿔서 탈 때는 어떨까요? 균형 잡기가 쉽지 않습니다. 뒤뚱뒤뚱 넘어질 듯 마음이 불안합니다. 익숙하지 않아서 넘어질 때도 있습니다. 글쓰기를 네발자전거 탄다고 생각하고 편안하게 써봅니다. 그냥 페달을 밟고 돌리면 됩니다. 두발자전거를 배울 때처럼 균형을 잡으려고 신경을 안 써도 됩니다. 천천히 시작합니다. 쓰면서 익숙해지면 좀 더 빨리 달릴 수 있습니다. 시작부터 무리해서 빨리 달리려고 하면 쉽게 지치거나 계속 쓰기가 어렵습니다.

　글쓰기 전 무엇을 써야 할지가 제일 고민입니다. 일상을 글감으로 글을 쓸 수 있습니다. 글쓰기 주제를 선정하는 세 가지 방법을 알려드리겠습니다. 첫째, 글 쓸 주제에 관해 단어를 생각합니다. 무조건 쓰는 것보다 오늘 어떤 글을 쓸지 단어를 낙서합니다. 낙서한 단어를 보고 글을 써 봅니다. 보고 듣고 경험하는 모든 일을 주제로 쓸 수 있습니다. 둘째, 글쓰기 전 내 감정을 살핍니다. 경험한 일과 감정을 연결해서 써 봅니다. 셋째, 소소한 일상도 관찰하고 메모합니다. 매일 새로운 하루가 시작됩니다. 일상에서 일어나는 일을 잘 관찰합니다. 사람, 사물, 행동, 추억, 작은 일이라도 글감이나 주제로 만들 수 있습니다. 일상을 관찰하면 쓸거리가 쌓입니다. 하나씩 골라서 쓰는 재미도 생깁니다. 글쓰기 주제로 고민하는 분께 조금이나마 도움이 되었으면 합니다.

# 내가 곧 글감입니다

글을 쓰고 싶었다. 무엇을 써야 할지 몰랐다. 쓰고 싶은 마음만 컸다. 특별한 것, 딱히 잘하는 것도 없는 내 인생. 삶의 모든 것을 글로 쓸 수 있다는 이야기가 내게는 어울리지 않는 것 같았다. 독서 모임 멤버 추천으로 글쓰기 수업을 듣게 됐다. 수업을 들어보니 삶의 모든 것으로 글을 쓸 수 있었다. 글을 써본 경험이 없었다. 삶을 글로 연결하는 방법을 몰랐던 것뿐이다. 여기 삶을 글로 쓰는 방법 세 가지가 있다. 글쓰기 수업에서 배워 내가 사용하고 있는 방법이기도 하다. 이 방법을 사용하면서 무엇을 써야 할지 고민하지 않는다. 삶의 모든 것이 글이 될 수 있다는 것을 알았기 때문이다. 이전의 나처럼 글쓰기로 어려움을 겪고 있는 사람이 있다면 이 내용을 읽어 보면 좋겠다.

첫째 내가 '하는 일'을 쓴다.

학생이라면 학교생활, 주부는 살림살이나 양육, 직장인은 회사생활과 업무를 쓰는 것이다. 내가 하는 일을 가장 잘 아는 사람은 나다. 자기 일에 대해 할 말이 많을 수밖에 없다. 일을 반복하다 보면 나만의 방식도 생긴다. 어떻게 하는 게 더 빠른지, 효과적인지, 잘하는 방법 등을 저절로 깨닫게 되기도 한다. 만약 일에서 바꾸고 싶은 게 생긴다면, 인터넷 검색으로 정보를 수집할 것이다. 찾아낸 여러 방법에 본인의 아이디어를 더한 꿀팁을 가지고 있기도 하다. 내 일을 쓰기가 쉬운 이유다. SNS에서 인기 있는 글들을 보면 제목이 대체로 이렇다. N년차 수부가 알려 주는 살림 팁, ○○대 합격생이 알려 주는 노트 정리법, ○○알바생이 알려 주는 추천 아이템 등이다. 그들은 매일 하는 일을 정리해서 공유한다. 글을 퍼 나르거나, 저장하는 사람이 생긴다. 글을 쓴 사람은 매일 하는 '일'일 뿐이다. 독자에게는 새롭고 흥미로운 이야기일 수 있다. 일하는 모습을 보여 주는 직장인, 주부의 영상일기(Vlog)가 백만 뷰를 넘는다. 워크맨이라는 유튜브 채널도 있다. 워크맨은 아르바이트 체험을 보여 주며 광고하는 콘텐츠다. 구독자가 사백만 명 가까이 된다. 일하는 장면을 보니 어떤 점이 어렵겠다거나 공감이 된다는 댓글이 많다. 특정 일을 체험해달라는 요구도 있다. 사람들은 자신이 경험하지 않은 일을 궁금해한다는 것을 알 수 있다. 내가 하는 일만으로도 충분히 글을 쓸 수 있다. 나는 그 일을 하루 중 가장 많이 하는 전문가이다. 내가 익숙하게 하는 일이 다른 사람에게는 색다른 일일 수 있다. 내가 하는 일이 좋은 글이 될 수 있는 이유다.

둘째, 일상에서 '일어나는 일'을 쓴다.

하루를 보내면서 일어난 일로 글을 쓸 수 있다. 있었던 일과 내 기분, 들었던 생각, 이 일이 기억에 남는 이유 등을 작성할 수 있을 것이다. 실제 겪은 일이기 때문에 줄거리 구성도 쉽다. 가족에게 있었던 일, 직장에서 생긴 일, 친구한테 들은 이야기 등 다양한 주제가 있다. 특히, 누군가와 대화한 내용을 잘 떠올려 본다. 그 속에 주제 거리가 있다. 대화를 주고받으며 떠오른 아이디어가 있다면 내용을 잘 정리해 보는 것도 좋다. 일상생활은 누구나 쓸 수 있는 주제다. 친구와 카페에서 수다를 떤다고 상상하며 쓴다. 대화라고 생각하면 자연스럽게 쓸 수 있을 것이다. 처음 쓸 때는 글의 구조나 형식을 따지지 않는다. 떠오르는 대로 글을 써본다. 글을 모두 완성한 후에 어색한 부분을 수정하면 된다. 글이 너무 평범하다고 느껴져도 괜찮다. 겪게 된 이야기에 내 생각을 추가하면 메시지를 만들 수 있다. 나만의 시선으로 그 이야기를 재해석해 보는 것도 좋다. 일상에서 일어난 일에 내 생각을 잘 정리해 보면 좋은 글이 될 수 있다.

사람 사는 게 대부분 비슷하다. 그래서 비슷한 경험을 가진 독자가 있다. 내가 겪은 일을 주제로 글을 쓰게 되면 독자의 공감을 얻기 쉽다. 나도 블로그에 여러 가지 주제로 글을 올린다. 일상에서 있었던 일에 내 생각을 적은 글들이 공감 수가 대체로 높다. 자신도 비슷한 경험을 했다는 댓글이 많다. 특정 부분에 공감이 됐다면서 댓글로 적어주기도 한다. 나도 그렇다. 다른 사람의 글을 읽을 때 비슷한 경험이 있다면 집중해서 읽게 된다. 있었던 일을 떠올리기도 한다. 작가의 상황과 완전히 똑같지는 않을 것이다. 비슷한 경험으로 상황을 생각해 본다. 작가의 마음도 짐작한다. 공감을 누르고, 댓글을 적는다. 평범한 일상,

특별한 것 없다고 생각되는 이야기가 멋진 글로 변하는 순간이 된다.

셋째, 내가 '보고, 듣고, 느낀 모든 것'으로 글을 쓴다.

책, 넷플릭스, 유튜브, 텔레비전, 영화 등 다양한 매체를 본 것으로 글을 쓸 수 있다. 또한 내 주위를 보고 떠오른 생각으로 글을 쓸 수도 있다. 본 것에 내 생각을 덧붙여 글을 삭성하면 된다. 글을 쓸 주세가 무궁무진할 것이다. 마쓰다 미스히로의 『청소력』이라는 책을 읽었다고 해보자. 이 책은 제목에서도 유추해 볼 수 있듯이 청소의 힘이 주제다. 책을 읽고 1. 지금 내 방의 상태는 어떠한가? 2. 지금 청소가 필요한 장소는 어디인가? 3. 청소하고 싶은 이유는 무엇인가? 4. 방의 상태는 마음의 상태라고 하는 데 내 마음은 어떠한가? 5. 이 이야기를 누구에게 알려 주고 싶은가? 등에 대해서 글을 써볼 수 있을 것이다. 영화나 텔레비전 프로그램을 보고도 작성할 수 있다. 1. 인상적이었던 인물은 누구인가? 2. 기억에 남는 대사는? 3. 주인공이 어려움을 어떻게 극복하는가? 4. 내가 주인공이라면 어떻게 행동할까? 5. 인상 깊은 장면은 무엇인가? 등을 주제로 글을 써볼 수 있다. 창밖 풍경을 보고도 글을 쓸 수 있다. 1. 지나가는 사람들 2. 나무, 꽃 등 보이는 식물 3. 자동차가 지나가는 모습 4. 현수막이나 건물 간판 5. 날씨와 같은 주제를 정해볼 수 있겠다.

결국 '나'의 모든 것을 글로 쓸 수 있다. 어떤 글을 써야 할지 주저할 필요가 없다. 내 이야기를 쓰면 된다. 내가 하는 일, 가족이나 친구와의 일, 내가 보고 듣고 생각하는 일 모두 글이 된다. 특별한 이야기여야 글로 적을 수 있는 것이 아니다. 지금 그대로의 모습, 일상이 좋은 글감이 될 수 있다. 내 이야기와 경험을 진솔하게 적는 것. 그것만으로도 충분하다. 삶의 모든 것이 글이 되는 방법은 나를 그저 써 보는 것이다. 글쓰기로 내 이야기가 근사하게 바뀔 수 있다. 지금 내 주변을 둘러보고, 이야깃거리를 발견해 보자. 나의 평범한 일상이 독자가 새롭게 경험하는 이야기가 될 수 있다.

# 1-5

송진설

# 오롯이 주제다

글에는 주제가 있어야 한다. 짧은 글이든 긴 글이든 내용이 없는 글은 없다. 작가는 주제라는 목표지점을 향해 단어들을 나열한다. 이 단어들은 문장이 되고, 문장은 문단이 되고, 문단은 한 편의 글이 된다. 도달하고자 하는 목적지는 하나다. 단 하나의 주제를 독자에게 건네기 위해 달려가는 것이다.

'도대체 이 글은 무슨 이야기를 하고 싶은 걸까?'

주제가 명확하지 않은 글은 읽는 사람을 당혹스럽게 만든다. 더 이상 다음 장으로 넘기고 싶은 마음이 생기지 않는다. 결국 외면받는다. 전하고자 했던 마음을 독자에게 전하지 못한 채 책은 덮이고 만다.

상대와 이야기 나눌 때 대화한다거나 수다 떤다고 한다. 대화와 수다는 사전적 의미로 보면 확연히 다른 개념이다. 대화는 마주 대하여 이야기를 주고받는 것을 뜻하고, 수다는 쓸데없는 말을 뜻한다. 마음이 잘 맞는 친구라면 편안하게 얘기를 나눌 것이다. 서로 맞장구치며 즐겁게 얘기를 주고받는 장면이 한참 동안 펼쳐진다. 말은 끊이지 않을 것이고 서로의 표정은 지루함이 느껴질 틈이 없다. 이야기의 주제를 바꿔가며 이 얘기에서 저 얘기로, 다시 원점으로 돌아가서 했던 말을 또 이어가기도 한다. 이야기를 마치고 각자 집으로 돌아갈 때조차도 아쉬운 마음이 들어, 나중에 다시 이야기하자며 마무리한다. 서로의 일상을 나누고 친분을 쌓기에는 부족함 없는 시간이다.

나의 경험으로는 서로 속 깊은 이야기를 나눌 때는 흔치 않았다. 진지한 마음을 나누기보다는 가벼운 수다만으로 시간을 보낸다. 함께 한 시간이 수다가 아닌 대화로 남길 바라는 마음이 크다. 수다는 메시지를 가지고 있지 않다. 명확한 주제를 가지고 있다면 수다라고 칭하지 않을 것이다. 서로 수다가 아닌 대화하는 시간이 되길 바란다.

글도 마찬가지다. 수다스러운 글이 되어서는 안 된다. 작가는 독자와 깊은 대화를 나누듯 써야 한다. 메시지를 품고 있는 글을 읽는 이에게 전해야 한다. 글을 읽으며 저자의 생각을 들여다볼 수 있다. 책 속의 글은 저자와 독자가 글로 대화하고 소통하는 공간이다. 주제가 있는 글인지 아닌지에 따라 수다스러운 글이 될 수도 있고, 대화하는 글이 될 수도 있다.


아이들이 읽는 도서 중 주제가 명확하게 드러나는 장르가 있다. 전래 동화이다. 어린아이에게 읽어주는 데는 그만한 이유가 있다. 교훈이 들어있기 때문이다. 착한 사람은 복을 받고 나쁜 사람은 벌을 받는다는 권선징악이 잘 표현되어 있다. 『콩쥐팥쥐』, 『흥부와 놀부』를 통해 착하게 살면 복을 받는다는 걸 배우게 된다. 선한 마음으로 힘든 이를 도와주면 결국 나에게 좋은 일로 돌아온다는 걸 자연스럽게 깨닫는다. 착하게 살아야 한다고 가르쳐 주지 않아도 된다. 글을 통해 가르침이 아이들 삶 속에 스며들게 된다. 전래 동화는 삶의 자세를 알려 준다. 모두 소중한 존재라는 생각을 하게 된다. 이야기 속에 선명한 주제가 담겨 있기에 오랜 세월이 지나도 변함없이 사랑받는다. 올바른 인성 함양을 위해 전래 동화를 선택한다. 전래 동화가 교훈적인 메시지를 남고 있기에 가능한 일이다.

책을 쓸 때만 메시지를 담고 있어야 하는 것은 아니다. 편지 쓸 때를 생각해 보라. 특별한 날에 축하하고자 하는 마음으로 쓰게 된다. 혹은 어떤 마음을 전하고자 쓴다. 이유 없이 쓰지 않는다. 생일을 맞은 이에게 편지를 쓴다면, 탄생을 축복하는 메시지를 담아야 한다. 세상에 태어난 그날을 누구보다 축하해 주어야 한다. 모든 존재가 그 사람이 태어난 것을 축하하고 있다는 마음으로 써야 한다. 글을 통해 축하받는 사람은 행복할 것이다. 자신이 사랑받는 존재라고 느끼게 된다. 축복받기에 세상을 따뜻한 시선으로 바라볼 수 있다. 사람의 마음은 단단하면서도 한없이 부드럽다. 포근한 말을 들으면 마음도 따뜻해진다.

편지 속에 축복의 메시지보다 단점이나 서운했던 일들을 담는다면 어떨까? 편지 받은 사람의 마음은 기쁘지 않을 것이다. 차라리 편지를 받지 않았으면 더 나았을 텐데 하는 마음이 든다. 축하의 편지라면 축복하는 마음만을 담아야 한다. 생일을 축하한다는 메시지를 전해야 한다. 주제는 생일 축하이기 때문이다.

다툰 친구에게 화해의 편지를 보낸다고 생각해 보자. 편지 내용에는 싸웠던 일들을 적게 될 것이다. 속상한 마음도 담긴다. 무엇보다 싸운 상대와 화해하고 좋은 관계가 되길 바라는 마음이 전해져야 한다. 편지 속에 상대방의 잘못을 지적하며 싸움의 원인이 상대에게 있다며 질책한다면 어떨까? 편지를 받은 이는 생각할 것이다. 말이 아닌 글로 싸움을 걸어오는 것이라고 말이다. 화해의 편지에는 나빴던 감정이 풀리도록 관계 회복의 글을 써야 한다. 편지의 주제는 화해이기 때문이다. 마음이 온전히 전해지기 위해 하나의 주제로 글을 써야 한다.

일기는 일상의 기록이자 자신만의 역사이다. 하루를 정리하며 생각과 마음을 풀어낸다. 일기를 쓰다 보면 하루 종일 있었던 일들이 마구 쏟아져 나온다. 적다 보면 참 많은 일들을 나열하듯 쓰고 있다. 한숨이 절로 나온다. 신세 한탄이 되어버린다. 그대로 일기 쓰기를 마치고 나면 마음이 개운하지 않았다. 오히려 더 무거워진다. 내일도 다를 것 없는 하루가 될 것만 같다. 아쉬움이 남는다. 긴 하루를 보내고 나서 잠들기 전에는 나를 격려해 주면 좋겠다. 내일을 응원하는 메시지를 자신에게 전하자.

자신을 격려하는 일기는 어떻게 쓸까? 나만의 방법을 나누고자 한다. 오늘 하루 느꼈던 마음 중 한 가지 감정에만 집중한다. 어떤 이유로 그런 감정이 들었는지 적어본다. 그 후 나에게 하나의 메시지를 전해준다. 이렇게 일기를 쓰다 보면 일상을 나열하는 글을 쓰지 않게 된다. 여러 가지 사건 중 한 가지 일에만 집중해서 생각하게 된다. 그 일로 인해 느꼈던 감정을 정리하게 된다. 마지막으로 나를 위해 교훈 하나를 전해주면 그날의 일기는 끝이다. 힘든 일을 겪은 하루여도 무언가를 배울 수 있었던 귀한 경험을 한 날이 된다.

예를 들어보겠다. 낮에 마트에서 아이가 장난감을 사달라고 졸랐다. 야단을 쳤더니 아이는 울었다. 집에 돌아온 후, 자는 아이 모습을 보니 미안했다. 잘 다독여줄 걸 후회했다. 이 일을 일기로 쓴다. 있던 일 한 가지는 마트에서 장난감 사달라는 아이를 야단친 일이다. 한 가지 감정은 '야단쳤더니 미안했다'이다. 메시지로는 '화를 내며 야단치기보다는 아이가 알아들을 수 있게 잘 설명해주자'이다.

과거는 바꿀 수 없다. 지난 시간을 아무리 곱씹어도 달라지는 것은 아무것도 없다. 하지만 일기를 쓰며 불쾌했던 일들을 성장할 수 있는 교훈적인 일로 전환할 수는 있다. 감정과 생각은 내가 하기 나름이다. 부정적인 감정으로 하루를 마무리하기에는 우리의 하루하루가 소중하다. 자신에게 긍정적인 메시지를 준다면 힘든 하루도 괜찮은 하루가 될 수 있다.

일기를 쓸 때 그날의 감정에 집중하며, 자신에게 하나의 메시지를 담아서 써보자. 쓰고 나면 나만을 위한 글이 될 것이다. 나를 위로하고 격려하며, 응원하는 글이 된다.


오롯이 주제가 담긴 글을 써야 한다. 주제와 맞지 않은 글은 무슨 말을 하고 싶은지 도통 알 수 없다. 주제가 잘 드러나야 한다. 가로등 불빛이 어두운 길을 비추듯, 나아갈 곳을 밝혀준다. 글을 쓰는 것은 작가의 마음을 독자에게 전달하는 것이다. 한 편의 글은 글자만 나열한다고 해서 의미를 지니지 않는다. 글 속에 담긴 수많은 글자가 독자의 마음에 닿아야 한다. 그 길에 있어서 방향을 잃어서는 안 된다. 주제는 작가의 글이 독자의 마음으로 가는 길을 환하게 비춰 줄 것이다. 글쓴이의 감정만 꾹꾹 담아낸 글이 아닌, 오롯이 주제가 담긴 글을 써야 하는 이유이다. 주제, 중요하다. 내 글을 읽을 독자를 생각하며 한 길을 가듯 올곧게 한 편씩 써나가길 바란다. 오늘도 나는 하나의 주제만을 고수하며 글을 쓰겠다.

# 하나의 등대만 세워라

어려서부터 글쓰기가 좋았다. 수줍은 성격에 말하기보다 글쓰기가 더 수월했다. 글로 마음을 표현하면 또 다른 나를 만난다. 생각과 감정을 표현하면서 자신의 성장과 발전을 발견한다. 자신을 파악해서 문제를 해결하기도 한다. 글쓰기는 세상과 소통할 수 있다. 다른 사람들에게 자신의 이야기와 경험을 공유하며 영향을 준다. 내가 쓴 글이 누군가에게 도움이 되고 감동을 준다는 건 매력적인 작업이다.

좋아하는 만큼 글이 술술 써지지 않는다. 채워나갈 백지가 까마득하다. 멈춘 커서를 움직여야 한다. 어떤 주제로 글을 써야 할지 머리가 저려온다. 어떻게 시작해야 할까?

글쓰기 전 '주제 잡기'를 먼저 해야 한다. 주제는 작가가 독자에게 전하고자 하는 핵심 메시지다. 한마디로 요약할 수 있어야 하고 독자에게 어떤 방식으로 전달되어야 할지가 중요하다.

그렇다면 어떤 주제가 좋을까? 자신의 전문 분야와 관심 분야부터 생각해 보자. 자신이 잘 알고 있거나 배우고 싶은 부문에 대해 글을 쓰면 더 쉽고 재미있을 것이다.

일상생활과 하루를 되돌아보자. 매일 보는 일상적인 것들도 글쓰기 주제가 될 수 있다. 학교나 직장에서 겪은 일, 친구나 가족과의 관계, 연애나 결혼 문제, 경험이나 생각 등에 대해 글을 쓸 수 있다. 이런 주제들은 감정을 솔직하게 표현할 수 있어야 독자들과의 공감을 끌어낼 수 있다.

친구들과의 대화를 기억해 보자. 친구들과 나눈 대화도 글쓰기 주제가 된다. 예를 들어, 회사나 학교에서의 불만, 진로나 취업 문제, 컴퓨터 게임이나 영화 등에 대해 친구들과 이야기했다면 그 내용을 바탕으로 글을 쓸 수 있다. 이런 주제들은 자신의 관심사와 취향을 반영할 수 있고, 독자들과의 소통을 유도할 수 있다. 쉽게 쓰는 방법을 소개해 본다.

첫째. 그림 그리듯이 써보자.

처음부터 도화지에 색을 칠하고 그림을 완성하지 못한다. 먼저 무엇을 그릴지 구상한 후 구도를 잡고 밑그림을 그린다. 색을 칠하고 음영을 주어 원근감을 살린다. 글쓰기도 마찬가지다. 쓰고 싶은 주제를 뽑는다. 어떤 구성으로 써내려 갈지 정한다. 강조할 부분을 살려야 글도, 그림도 산다.

둘째, 잘 쓰려는 욕심을 내려놓자.

김밥을 쌀 때 제일 중요한 건 김밥 옆구리가 터지지 않게 마는 것이다. 여러 가지 식재료를 넣고 싶은 욕심에 김밥이 커진다. 영락없이 옆구리가 터진다. 글쓰기도 마찬가지이다. 처음부터 잘 쓰려는 마음을 내려놓자. 세상에서 제일 못 쓴 글이라 생각해 보자. 마음은 깃털이 된다.

셋째, 독자를 두려워하지 말자.

글쓰기 전부터 걱정이 앞선다. 자신이 쓴 글을 읽고 독자들이 평가할 것을 미리 걱정하기 때문이다. 잘 쓰고 싶은 욕구는 모두에게 있다. 열심히 써도 모두를 만족시킬 수 없다. 마음을 단단히 먹고 처음엔 좋은 평가만 듣는다. 자신이 쓴 글의 부족한 부분은 쓴 사람만 고칠 수 있다.

별거 아닌 경험이 누군가에게 용기를 줄 수 있다고 생각하라. 가슴이 터질 듯 두근거릴 것이다. 내용에 정성을 다하게 된다.

글 쓰는 마음이 한결 편해졌을 것이다. 주제 정하는 방법에 대해 알아보자.

첫째, 핵심 독자를 정한다.

어떤 사람들에게 내가 알고 있는 것을 알려 줄지 생각한다. 범위는 구체적이어야 한다. 밤낮이 바뀐 신생아를 재우는 방법이 궁금한 초보 엄마, 방학에 초등학생 자녀의 끼니가 걱정인 워킹맘, 입시를 앞두고 고민이 많은 고3 학부모, 사춘기라 대화가 단절된 중학생 부모, 유아기 자녀와 소통이 필요한 40대 아빠, 외동아이를 키우는 맞벌이 부모 등 독자층을 축소해야 한다.

둘째, 나눌 수 있는 자신만의 경험담

살면서 경험한 것 중에 성공담, 실패담, 자신이 즐기는 취미 활동 소개, 취미를 시작할 수 있는 지침서. 멘탈 관리에 대한 주제도 있다. 워킹맘이 알아야 할 육아 지침서, 주부가 알려 주는 살림 백서, 실패를 극복한 자신만의 성공 이야기 등 독자에게 힘을 줄 수 있는 모든 경험이 중요하다.


셋째, 메시지가 선명해야 한다.

누가 읽어도 주제가 명확해야 한다. 그러기 위해서는 쉽고 간결하게 써야 한다. 초등학생도 이해할 수 있는 글이어야 한다. 메시지는 사람을 움직이는 힘을 가지고 있다. 작가가 무슨 말을 하려는지 메시지에 담겨 있다. 메시지가 선명하지 않으면 글이 갖는 가치와 의미가 희미해지기 때문이다.


나는 다른 사람들보다 실패 경험이 많다. 남들보다 잘하는 것은 없다. 대신 부족한 부분은 될 때까지 연습하고 꾸준히 이어 나간다. 그러다 보니 못하던 것을 능숙하게 할 수 있었다. 또 다른 경험, 나만의 노하우가 생겼다. 지나치게 집중해서 다치는 경우도 많았다. 아이가 어렸을 때 사과를 얇게 저미며 사과칩을 만들다가 채칼에 손바닥을 깊게 베인 적이 있다. 그 이후로 천천히, 두께를 보며 조절해서 다치지 않는다. 조금만 더 정확하게 톱질하기 위해 욕심내다가 피를 본 적이 많다. 깨끗이 닦으려다가 미끄러져 다친 적도 많다 보니 나름대로 안 다치는 법을 터득했다. 요령이 생긴 것이다. 아이가 다칠 듯하면 미리 예방할 수 있게 주의를 주기도 한다.

초등학교 저학년은 지우개 쓰는 방법이 서툴다. 힘으로 지우개를 문지르다가 종이가 찢어지기 일쑤다. 지우는 요령을 터득하면 깨끗한 종이에 글을 쓸 수 있다.

안 되면 여러 가지 방법을 시도해보아야 방법을 찾을 수 있다.


주제는 등대의 역할을 한다. 글을 쓰다 보면 주제를 잊고 나도 모르게 삼천포로 빠지거나 배가 산으로 갈 수 있다. 글이 방향을 잃고 어디로 가야 할지 몰라 제자리걸음으로 종종거릴 때, 가고자 하는 방향의 등대만 보고 노를 저어야 한다.

등대는 위치가 변하지 않는다. 주제도 중간에 바뀌면 안 된다. 어둠 속에서 등대의 불빛이 갈 길을 비춰 주듯이 주제가 글이 나아갈 방향을 비춰 준다. 등대는 가라앉으면 안 된다. 주제 또한 사라지면 안 된다. 등대만 따라가면 안전하듯이 주제에 따라 글을 써 내려가면 글이 탄탄해진다.

길을 헤매는 독자에게 등대처럼 도움 되는 주제로 용기도 주고, 길을 찾을 수 있도록 손 내밀어 주고 싶다. 나 또한 누군가가 쓴 글 덕분에 이만큼 살아가고 있는 것임을 잊지 않겠다.

# 독자와 내가 만나는 지점

글을 쓸 때 가장 중요한 것이 무엇일까요? 주제입니다. 일기가 아니라면 어떤 글을 쓰든 메시지가 있어야 합니다. 메시지 잡기가 쉽지만은 않습니다. 어렵다고 메시지 없이 글을 쓸 수는 없겠죠. 글을 쓰면 반드시 독자에게 뭔가를 줘야 합니다. 주제는 작가와 독자를 이어주는 끈입니다. 주제가 없다면 글도 독자도 없을 테죠. 처음 글을 쓸 때는 주제 잡는 것이 쉽지 않았습니다. 다른 사람의 글을 읽으면 주제가 잘 보였습니다. 주제가 선명하도록 쓰는 작가들이 부러운 적도 많았습니다. 어떻게 하면 주제를 잘 잡을 수 있을지 고민했습니다. 나만의 방법을 찾아야 했습니다.

## 주제 정할 때 고려할 점

먼저 나만의 주제로 잡을 수 있는 것이 무엇인지 생각해 보았습니다. 학생들에게 20년 넘게 영어를 지도했습니다. 영어 지도에 관한 내용으로 글을 쓰면 쉬울 듯했습니다. 또 일반적인 자녀 교육에 관해 엄마들에게 상담을 오래 했습니다. 자녀 교육에 관한 부분도 제 글의 주제로 잡을 수 있겠더군요. 학생들에게는 파닉스를, 선생님들에게는 파닉스 지도요령을 20년 정도 수업했고요. 이 역시 제가 독자에게 도움 줄 수 있는 주제 중 하나죠. 이렇듯 내가 잘 알고 있는 분야를 내 글의 주제로 잡으면, 쓰는 작가도 읽는 독사도 새미있을 것입니다. 저에는 법이나 경제에 관한 내용이 어렵습니다. 이런 내용으로 글을 써야 한다면 쉽지 않을 것입니다. 쓰는 사람이 어려워하는 내용을 독자가 재미있게 읽을 리 없겠죠. 억지로 읽는다 하더라도 중간에 그만둘 건 뻔합니다. 저는 법이나 경제에 관한 글은 쓰지 않아야 할 것입니다.

　주제로 정할 수 있는 건 어떤 내용이어야 할까요? 맞아요. 내가 자신 있게 말할 수 있고 관심 있는 분야겠죠. 또 나의 일상이 되는 일이라면 쉽게 쓸 수 있을 거예요. 취미나 업무, 내 주변에서 일어나는 일이 여기에 속합니다. 내가 잘할 수 있는 분야는 대부분 내가 경험한 것입니다. 내 경험 중 실패했던 일, 그 실패를 딛고 성공하게 되었던 일 등도 주제로 잡을 수 있을 거예요. 자신 있는 분야와 관심 있는 분야, 성공이나 실패 경험 등을 주제로 잡기 적당합니다.

　주제 잡을 때 주의할 점도 있어요. 나에게는 재미있고 흥미로운 내용이어도 독자들은 재미있어하지 않을 수 있습니다. 글을 쓰기 전에 내 독자가 누구인지, 그들이 어려워하는 것이 무엇인지, 특히 관심 가지는 분야가 무엇인지도 고려해야겠죠. 글의 주제로 잡을 수 있는 것은 내가 자신 있는 분야, 관심 있는 분야, 취미나 업무, 나의 일상, 나의 경험 등입니다. 또 내가 정한 독자의 관심사나 그들이 어려워하는 것, 내가 쓰고자 하는 주제가 서로 맞아야 합니다.

## 실제 글을 쓸 때 적용하는 방법

앞에서 어떤 주제로 글을 쓸 수 있을지 주제의 범위를 정했습니다. 글을 쓰면서 주제 잡는 방법을 실제로 적용해 보았습니다. 생각보다 쉽지 않았습니다. 몇 가지 방법으로 시도했습니다. 주제를 먼저 정하고 글을 썼죠. 그 주제에 합당한 글감도 찾았습니다. 글을 쓰다 보니 애초에 정했던 주제가 아닌 다른 방향으로 흘러갑니다. 이게 아닌데 싶으면서도 이미 썼기 때문에 내 글에 맞는 주제로 다시 정하고 제목도 그 글에 맞게 붙입니다. 이 방식으로 쓰고 싶지 않았는데도 이렇게 쓰게 될 때가 많았습니다. 제가 적용해 보았던 방법을 세 가지로 정리해 보겠습니다.

첫째, 내가 생각한 소재와 글감들을 모읍니다. 제 책인 『사교육 없이도 잘만 큽니다』의 '영어의 바다는 덕수궁'이라는 글을 예로 들어보겠습니다. 아이들이 외국인과 이야기 나눠보고 싶다고 한 얘기. 외국인을 만나게 해주고 싶었던 엄마의 마음. 아이들을 궁궐에 데려가 외국인과 만나게 해야겠다고 생각했던 계획. 가장 가까운 궁궐인 덕수궁에 데려가기. 궁궐에 가기 전 외국인에게 말을 걸 수 있는 주제 연습시키기. 아이들이 갑자기 없어진 사건. 이런 글감을 모았습니다. 그 글감들을 원하는 방식으로 구성해서 적었습니다. 마지막에 멈춰 생각했습니다. '그래서 무슨 말을 하고 싶지?'하고 자신에게 질문을 던집니다. 주제를 정해야 하니까요. 이렇게 모은 글감을 생각의 흐름 대로 쓴 후 핵심 메시지를 정하는 방법입니다.

두 번째, 원하는 메시지를 정확하게 적어두지 않고 머릿속으로 구상합니다. 글감을 모은 후 어떤 방향으로 써야겠다는 생각만 머릿속에 갖고 있죠. 글의 방향을 스케치합니다. 스케치한 메모를 옆에 두고 글을 씁니다. 최대한 미리 정해둔 내용에 맞게 써갑니다. 거기에서 벗어나면 글이 다른 방향으로 흘러가 버려 원하는 글이 되지 않을 확률이 높거든요. 다시 쓰거나 원하던 맥락을 포기해야 하는 경우가 생깁니다. 스케치했던 내용에서 벗어나지 않으려고 쓰는 동안 메모해둔 노트를 자주 들여다봅니다. '꿈의 시작은 동기부여'라는 꼭지를 쓸 때 썼던 방법입니다. 메시지를 구상했고 사례도 모았습니다. 마땅한 사례를 찾느라 여러 번 스케치를 엎었습니다. 원하는 방향으로 스케치가 되었습니다. 메모 노트에 적었죠. 글의 흐름을 잃지 않으려고 수시로 확인했습니다. 원래 방향에서 멀어지기 전에 원하던 궤도로 빨리 돌아올 수 있었습니다. 이렇게 쓰고 나서 마지막에 원하던 메시지로 주제를 잡으면 됩니다. 글을 쓰다 보면 애초에 생각했던 주제보다 더 나은 주제가 떠오를 수 있습니다. 그럴 땐 처음 정했던 주제를 포기하고 새로운 주

제로 정합니다. 처음 주제를 '동기가 부여되면 누구나 그 일을 해낸다.'
라고 정했습니다. 상투적인 느낌이었어요. '동기부여가 필요한 사람에
게 제대로 동기 부여할 수 있도록 공부하고 정성을 담겠다.'라는 주제
로 바꾸었습니다.

세 번째 방법은 먼저 주제를 정합니다. 글의 첫 문장을 주제문으로
시작합니다. 주제 문장으로 시작했으니 방향을 제대로 잡고 가야겠죠.
스케치할 때 주제에 합당한 글감과 소재거리만 모읍니다. 그 글감들이
가진 특성에 따라 글을 구성하죠. 처음 정했던 구성에 따라 스케치한
내용대로 쓰고 마지막에 주제도 그대로 씁니다. 이 방법이 저는 잘 안
될 때가 많았습니다.

글을 쓰면서 주제를 정할 때 염두에 두어야 할 것이 있습니다. 내가
쓰고자 하는 주제가 나의 독자에게 도움이 되는 내용, 즉 내 독자가 읽
고 싶어 하는 내용이어야 합니다. 나도 독자도 흥미로워하는 주제가 좋
습니다. 글을 쓰는 동안 주제를 잡는 방법은 세 가지로 나눌 수 있습니
다. 첫째, 글감 먼저 찾아 속으로만 주제를 구상한 후 글을 씁니다. 글
이 흘러가는 대로 쓰고 나중에 떠오르는 메시지를 주제로 잡습니다.
두 번째 방법은 글감을 찾아 주제 먼저 정하고 쓰는 방법입니다. 이때
글을 쓴 후 주제가 바뀌는 경우도 종종 있습니다. 마지막 방법은 아예
처음부터 주제 문장으로 시작해 그 범주에서 벗어나지 않게 씁니다.
첫 번째 방법과 두 번째 방법은 에세이나 가볍게 쓰는 글에 적합합니

다. 세 번째 방법은 설명문이나 논설문 등 격식이 있는 글에 적합합니다. 내가 쓰는 글에 따라 각각의 방법을 적용할 수 있습니다.

# 주제 쉽게 정하기

　신세계가 열렸습니다. 2021년 봄. 인스타에서 우연히 만난 글쓰기 수업 〈자이언트〉에 등록했습니다. 수업을 듣고 열심히 쓰면, 누구든지 글을 쓰고 책을 낼 수 있다고 합니다. 음악가나 운동선수처럼 배우고 연습하면 작가가 될 수 있다는 것을 처음 알게 되었습니다. 물론 재능을 타고난 사람도 있겠지만, 저는 아니었지요. 처음으로 강의를 들을 때였습니다. 진액 같은 알찬 내용이 쏟아지는데 놀랐습니다. 화면에 빨려 들어가듯 몰입해서 들었습니다. 끝날 때 과제를 하나 받았습니다. 내가 쓰고 싶은 책의 내용을 요약해서 제출하는 것이었습니다.

　머릿속이 하얗다는 표현이 정확했습니다. 텅 빈 화면 앞에 한동안 멍하니 앉아 있었지요. 60년 넘게 살면서 글로 쓰고 싶었던 이야기는 다 셀 수도 없습니다. "이건 꼭 써야 해!"라고 외쳤던 수많은 일들이 갑자기 어디로 다 숨어버렸습니다. 막상 쓰려고 앉으니 한 가닥도 잡히지 않았습니다. 옛말은 항상 옳습니다. 개똥도 약에 쓰려면 없다고요. 호기롭게 책상에 앉은 지 한 시간도 넘었습니다. 당장 쓰기는 어렵겠다고 판단했습니다. 컴퓨터를 끄고 일어나 몸을 움직이면서 찾아보기로 했습니다. 계속 궁리했지만, 다음 날도, 그다음 날도 결국 주제를 한 가지도 못 정했습니다. 자기 주제도 모르고 글을 쓰겠다고 도전해서였을까요. 어디서 어떻게 주제를 찾아내야 할지 몰랐습니다. 여러분도 한 번 글감을 찾아보세요. 의외로 잘 찾아지지 않습니다. 제가 경험했던 것처럼 말입니다.

일주일 후, 두 번째 강의를 들었습니다. 글 쓰는 방법의 황금 열쇠를 두 가지나 건집니다. 하나는 일상에서 쉽게 주제를 찾아내는 팁이고, 또 하나는 힘들지 않고 쉽게 써내려 가는 방법입니다.

"말과 글은 생각을 표현하는 수단이라는 의미에서는 같은 것이다. 말은 글로 바꿀 수 있고, 글도 말로 바꿀 수 있다. 글을 쓰기가 어렵게 느껴진다면, 글을 말한다고 생각하고 써 보라."

저는 무릎을 쳤습니다. 말이 많은 저이니까 글도 쉽게 쓸 수 있다는 자신이 생겼습니다. 내가 평소에 하는 말들이 모두 글감이 될 수 있다는 겁니다. 친구에게나 가족에게, 직장 사람들에게 하는 대화 중의 어느 한 문장. 그것이 주제가 될 수 있다는 것입니다. 실은 주제를 정하는 일만이 아닙니다. 내용을 쓰다 보면 막히기가 일쑤입니다. 그럴 때는 친구가 앞에 있다고 생각하고 소리를 내어 읽어 봅니다. 껄끄럽고 막혔던 문장이 자연스럽게 풀어지곤 합니다. 카페에서 수다를 떨 때는 무슨 말을 할지 별로 고민하지 않습니다. 쉬지 않고 계속 말을 하지요. 그렇게 평범한 우리의 일상 대화에서 주제가 나오고, 쉽게 쓸 수 있는 비결도 나오는 겁니다. 지금도 "카페에서 친구랑 대화하듯 자연스럽게 글을 써라."라는 말을 항상 기억하며 글을 쓰려고 노력합니다.

어제 친구와 전화하면서 무슨 이야기를 했는지 기억하시나요? 통화 내용을 한 문장으로 만들어 보세요. 그 문장을 테마로 잡고, 했던 말을 써 내려가면 한 편의 글이 됩니다. 이렇게 쉽게 주제를 잡아내어 쓰는 방법을 아래의 세 가지로 조금 더 자세히 정리해 드리겠습니다.

**제일 먼저 할 중요한 일은, 독자를 정하는 일입니다.**

"누구를 위해 쓰려고 하는가?"입니다. 내 글을 누구나 읽을 수 있도록 그냥 쓰기만 하면 될 것 같지요? 내가 전하려는 내용만 잘 쓰면 그만이라고 생각되지요? 천만의 말씀, 만만의 콩떡입니다. 말은, 듣는 사람에 따라서 내용이 달라지게 마련입니다. 작가는 독자의 필요와 수준에 맞는 글을 써야 합니다. 독자를 먼저 명확하게 결정해야 합니다. 독자를 정하는 기준은 '지금 내가 하고 싶은 말은 누가 들으면 가장 좋을까?'입니다. 결국 말이든 글이든, '무엇을'이나 '어떻게'보다 **'누구에게'**가 먼저입니다. 내가 쓴 이야기가 가장 필요한 사람, 나의 글이 조금이라도 도움이 될 대상을 찾아봅니다. 그러면 독자는 한 사람이거나, 관심사가 비슷한 사람들로 정해집니다.

**두 번째로, 정해진 독자에게 전할 말을 생각합니다.**

주제를 다른 말로 하면 '대화 내용의 제목'입니다. 우리는 평소에 세상의 모든 일에 관해서 말합니다. 주제는 그중에서 한 가지를 정하는 겁니다. 음식, 여행, 가족, 운동, 추억 등 소소한 일상에서부터 전문적인 이야기까지 무엇이든 독자에게 맞는 내용 하나를 선택합니다. 그리고 그 찾아낸 글감을 한 문장으로 요약해 봅니다. 그것이 주제 문장입니다. 주제 문장에서 핵심 단어를 택해 노트에 제목으로 씁니다. 제목 아래에 그 단어로 연상되는 모든 말을 메모합니다. 브레인스토밍을 하는 거지요. 생각나는 대로 무조건 다 꺼내어 놓습니다. 거기서 필요한 단어들만 골라내어 여러 개의 밑 문장을 잡아봅니다. 그 후에 글의 맥락과 순서를 대충 계획해 봅니다. 이렇게 둘째 단계를 완성합니다. 여기서 대충이라고 한 것은, 계획은 있어야 하지만 글이란 그대로 써지는 것이 아니기 때문입니다.

**마지막 세 번째 단계는, 주제를 향한 일편단심으로 써내려 가는 것입니다.**
반드시 처음의 주제를 끝까지 잡고 써내려 가야 합니다. 배가 산으로 가는 일은 불가능한 일이지만, 글은 엉뚱한 곳으로 흘러가기 쉽습니다. 글 전체에서도, 한 편의 문단 안에서도, 정해진 주제가 바뀌지 않도록 조심해야 합니다. 주제는 뼈대입니다. 내용은 살입니다. 모든 내용은 주제와 연결되어야 합니다. 글 전체의 내용은, 나침반이 북쪽을 가리키듯 오직 독자를 향하고 있어야 합니다. 하려는 말이 독자에게 필요한 내용인지, 독자가 궁금해할 일인지를 확인해가며 써야 합니다. 저도 마음에 쌓여 있던 말을 꺼내어 썼을 때, 이야기가 자꾸 옆으로 빠지는 경험을 종종 했습니다. 나중에는 내가 처음에 쓰려고 했던 내용보다 오히려 다른 이야기가 더 큰 비중을 차지하곤 했지요. 주제를 바꾸는 게 낫겠다는 생각이 들 정도의 상황이 되는 겁니다. 저는 독자를 위해 정한 핵심 단어를 포스트잇에 써서 눈앞에 붙여 둡니다. 한 페이지만 읽어도, 한 권을 다 읽어도 무엇에 관한 내용인지 알아차릴 수 있을 정도로 핵심 내용을 명확히 보여주려고 애씁니다.

누군가 자신의 이야기를 들어 줄 사람이 있는 사람은 행복합니다. 마음속에 담아둔 이야기가 있다면, 써서 보여주세요. 바로 나의 곁에 있는 사람이나 지구 반대편 어느 곳의 이름 모를 누군가는 당신의 글을 읽고 기뻐할 것입니다. 작가의 유일한 바람은 독자에게 도움을 주는 것입니다. 독자가 변화하기를 바라는 것이지요. 당신의 글을 읽은 사람이 세상을 더욱 아름답게 만들어 갈 수 있기를 기대합니다. 위의 세 가지 방법을 활용해 당신의 생각을 선명하게 전해보세요. 글 쓰는 삶을 응원합니다.

# 경험 가득, 지식 가득

첫 책을 쓰려는 사람들이 걱정하는 하나가 있다. 이미 책이 다 나와 있어서 쓸 게 없다고 말한다. 이 말은 책 주제가 같으니, 나는 책을 쓸 수 없다고 결론 내린 것이 아닐까 하는 생각이 들었다.

교보문고 홈페이지에서 '인간관계론'을 검색하면, 국내 도서만 243건이다. 일주일에 한 번 정도 교보문고, 영풍문고 같은 오프라인 매장에 들른다. 서점에 가면 지난주에 보이지 않았던 신간이 적어도 한 권 이상 보인다. 세상에 같은 사람 하나도 없듯이, 표지만 바꾸거나 개정판이 아닌 이상 모두 다른 책이다. 같은 해외 서적을 다른 사람이 번역해도 다른 책이다. 쌍둥이라도 생각하는 바가 다르다. 쌍둥이가 같은 주제로 글을 써도 다른 글이 나온다. 뇌는 신경 가소성이란 특징이 있다. 뉴런이 외부의 자극에 반응하여 새로운 형태와 기능을 갖기 때문에 결코 똑같은 신경망이 없다는 말이다. 개인마다 신경망이 다르게 만들어진다는 말이기도 하다. 책도 마찬가지다. 지금까지 살아오는 동안 똑같은 경험을 한 사람은 없다. 다시 말해서, 자기 경험이 담기면 다른 책이다. 이

때, 기존의 책과 차별성을 강조할수록 눈에 띈다. 전하고 싶은 메시지, 주제가 같더라도 중간 과정, 당신의 경험이 담기면 책을 쓸 수 있다.

글의 주제는 어떻게 정할까? 당연히 어떤 주제로 글을 써야 할지 처음은 막막하다. 블로그에 1일 1 포스팅을 목표로 삼았다. 책을 먼저 읽는다. 독서 후 문득 떠오른 생각이 오늘의 글감, 주제다. 주제는 '○○ 사람들에게 나의 □□ 경험을 전함으로써 그들이 △△가 달라지도록 돕는다.'로 정한다. 글을 쓰는 이유가 바로 주제다. 주제가 명확해야 글에도 일관성이 생긴다. 독자가 헷갈리지 않는다. 한 편 쓰는 동안 절대 잊지 말아야 할 요소다. 글에는 단 하나의 메시지만 담는 게 좋다. 안성은 저자의 『믹스』라는 책은 세상에서 가장 쉬운 차별화로 '섞어라.'라는 메시지를 전한다. 본캐와 부캐, 따분함과 즐거움, 시골과 도시 등을 섞었다. 남과 다른 주제를 정하기 위해서는 먼저 자신에게 거꾸로 세 가지 질문을 먼저 던져보자.

첫째, 나는 누구인가? 타깃 독자를 정하는 것이다. 글을 읽는 대상이 바로 타깃(Target) 독자다. 타깃 독자가 명확하지 않은 두루뭉술한 글은 오히려 누구에게도 인기가 없는 글이다. 명확하고, 구체적인 타깃 독자를 설정할 때, 전문적인 글로 인정받는다. 독자는 저자에게 전혀 관심 없다. 오직 독자 자신에게만 관심 있다. 결국, 저자는 독자가 닮고 싶은 사람이어야 한다. 저자의 이름보다도 나이, 성격, 직업, 활동 범위, 누구와 주로 시간을 보내는지, 변화된 과정, 현재 위치, 성과들이 중요하다.

당신이 누구인지 구체적으로 적어 보자. 앞에 형용사를 붙여서 표현할 수 있다. 즉, 육아하며 책 읽는 엄마, 글 쓰는 전업주부, N잡러 경단녀, 투자하는 직장인, 운동하는 전문직 종사자, 직장 다니는 사업가, 역사 가르치는 은퇴자, 노래하는 헬스트레이너, 연탄 봉사하는 선생님처럼 적는다. 나이도 쓴다. MZ세대, 3040, 4050, 5060, 6070으로 끊어 본다. 취미나 활동도 구체적으로 메모한다. '○○ 사람들에게'의 빈칸을 뾰족하게 채우는 방법이다. 예를 들면, '16년 차 직장인, 나이 마흔에 자기 계발과 재테크에 관심이 생긴, 책을 한 권도 읽지 않던 사람이 책을 읽기 시작하면서, 꾸준히 독서하는 사람. 공대 출신, 자녀 없는 맞벌이 직장인 부부, 마흔다섯에 조기 은퇴'라고 풀어서 적어본다. 타깃 독자는 여기서 선택하면 된다. '조기 은퇴하고 싶은 재테크에 관심 많은 30대~40대 맞벌이 부부'가 글을 읽어줄 독자다.

둘째, 무엇을 해왔는가? 글의 본문이다. 당신의 경험에 해당한다. 과정을 스토리텔링으로 풀어낸다. 몇십 년 경력은 전문성과 신뢰감을 보여 줄 수 있다. 오 년, 일 년, 육 개월, 삼 개월, 하루의 경험도 가능하다. 실패에서 성공으로, 전과 후, 생각의 변화 과정을 스토리텔링 형태로 담는다. '나의 □□ 경험을 전함으로써' 부분이다. 아이를 키워낸 경험, 하루 10분 독서 경험, 인간관계 좋아진 경험, 직장에서 계약을 성공시킨 경험, 집 안 정리 경험, 청소한 경험, 발표한 경험, 건강해진 경험, 즐거운 경험, 습관 만든 경험, 시간 관리를 잘 해낸 경험, 돈을 번 경험, 사업에 실패한 경험, 투자를 배운 경험을 쓰면 된다. 예를 들면,

'10년간 대학교, 대학원에서 시간을 보낸 후 입사했다. 마흔부터 재테크에 관심을 두고 하루 10분 독서와 다독을 병행했다. 부동산 강의를 들으며 공부했다. 부동산 시장 규제로 주식 공부를 시작했다. 글쓰기 특강을 듣자마자, 블로그를 개설했다. 주변 이웃 작가 소개로 책 쓰기 정규 수업 신청 후, 본격적으로 글쓰기 시작한 지 10개월 만에 책을 출간했다. 이후, 나만의 출판사 만들기 과정, 출판사 독자 에디터 활동, 라이팅 코치 양성과정을 이수했다. 책 쓰기 수업한다. 7년째 독서 습관을 이어간다. 틈새 운동하고, 매월 1일 교보문고로 책 구경 간다. 올림픽 공원 산책하듯, SNS도 산책한다.' 이렇게 무엇을 해왔는지 메모와 낙서하고, '나의 퇴사 준비 경험을 전함으로써'로 정리하면 된다.

셋째, 어떻게 바뀌었는가? 글을 쓰는 목적이다. 독자가 읽고, 어떤 성과를 얻을 수 있는지 분명하게 제시해야 한다. 닮고 싶고, 배우고 싶은 것을 독자가 인터넷에서 검색할 때 해당 키워드를 사용할 수 있다. 서점이나 도서관에서 책을 선택하는 기준이기도 하다. 아이 성적이 올랐거나, 창의력이 좋아졌거나, 유학하러 갔거나, 독학했거나, 책을 읽고 목적 달성했거나, 직장에서 인정받았거나 퇴사했거나, 살이 빠졌거나, 건강해졌거나, 시간 관리를 잘하고 있거나, 즐거운 취미가 생겼거나, 습관이 만들어졌거나, 사업에 성공했거나 실패했거나, 강연가가 되었거나, 돈을 아꼈거나, 얼마나 벌었는지 등이다. 그러면, '그들이 △△ 달라지도록 돕는다' 부분을 채울 수 있다. 예를 들면, 전작 『평단지기 독서법』에서는 하루 10분의 독서로 평생 지속할 수 있는 독서 습관을 갖고, 삶의 기준을 스스로 정해 행복을 아끼지 않는 삶을 살아갈 수 있도록 했다. 『글쓰기를 시작합니다』에서는 온 세상이 나를 못살게 굴지만, 한 편의 글을 쓰고 달라진 일상을 보여 주었다.

이렇게 세 가지 질문에 답을 끄적이고, 'ㅇㅇ 사람들에게 나의 ㅁㅁ 경험을 전함으로써 그늘이 △△ 달라지도록 돕는다'라는 글의 수세를 써본다. 글을 쓸 때는 이 주제 하나만 머릿속에 담아야 한다. 글쓰기 전에 먼저 주제부터 정하고 시작해야, 메시지가 명확한 글이 나온다. 이때, 독자는 '어? 이거 내 이야기네, 나랑 똑같다!' 하면서 밑줄 긋고, 빠져들 것이다.

서점과 도서관에는 수십만 권 이상의 책이 있다. 책 주제는 같아도 저자의 경험은 특별하다. 독자의 문제를 공감하고, 자신만의 경험으로 독자를 도울 수 있다면, 그게 바로 좋은 글이다. 만약, 아직도 주제 정하기 어려운가? 그렇다면 지금 당장 글을 쓰는 방법을 알려 주겠다. 고개를 돌려보며, 눈에 띄는 물건 세 개를 딱 고른다. 세 가지 물건의 공통점 3개를 메모지나 책 하단에 적는다. SNS 독자나 주변 사람에게 공유해라. 쉽게 메시지를 전달할 수 있다. 한 편의 글이 된다. 당신 주변에 있는 것, 당신이 고른 물건은 특별하다. 글을 엮어 책으로 출간하려면, 다시 한번 말하지만, 반드시 차별화가 있어야 한다. 이미 출간된 책과 다르게 생각하는 3% 확장하는 습관이 필요하다. 주의할 점이 있다. 어떤 분야의 전문가라 할지라도, 쓰고 싶은 분야가 있더라도, 독자가 관심을 두지 않는다면 읽어 줄 사람이 없다. 그 글은, 저자의 일기장일 뿐이다. 책은 독자가 좋아할 만한 상품성도 있어야 한다. 자신의 전문 영역과 독자가 찾고 싶은 영역의 교집합을 발견하길 바란다. 독자는 맛 있는 음식만 골라 먹는 편식하는 어린아이 같은 존재다. 작가는 손자 들이 좋아하면 무엇이든 꺼내주는 할머니 같은 존재다. 당신의 경험 가득, 지식 가득 담긴 글이 독자가 받고 싶은 선물이길 바란다.

# 촉을 세우면 일상이 글감입니다

처음부터 특별한 주제가 정해져 있는 건 아닙니다. 무엇을 써야 할지 막막하다면 주변을 한번 돌아보세요. 별것 아닌 일상도 관심 두고 바라보는 순간 글쓰기 주제가 튀어나옵니다. 주제는 작가가 전하고자 하는 핵심 메시지입니다. 판에 박힌 주제에 꿰어 맞추려 한다면 천편일률적인 글이 되겠지요. 사소하고 하찮게 여겨지는 것도 내 이야기와 연결하고 의미를 부여하면 달라집니다. 세상에 하나뿐인 특별한 나만의 주제가 탄생하는 거지요. 그러니 자신의 주변에서 벌어지는 모든 일상에 촉을 세워 관찰해보세요. 글감 하나 낚아채겠다는 마음으로요. 평범한 일상에서도 조금만 시각을 달리하면 핑크 펭귄이 보일 거에요. 바로 안테나 더듬이가 작동되는 순간이지요. 글 쓰겠다 마음먹은 사람은 늘 촉을 세우고 주변을 바라보는 습관이 장착되기 마련입니다. 마음에 꽂히는 광경이 있다면 그 순간을 놓치지 말고 메모하세요. 작은 글감도 선명하게 메시지를 전할 수 있으면 좋은 주제가 됩니다.

일상에서 주제 정하는 방법 살펴볼까요.

첫 번째, 관찰과 성찰입니다.

자신의 감정과 생각을 정리하고, 하루 있었던 일을 반추해보는 일기로 접근합니다. 일기를 쓰다 보면 매일 반복되는 일상도 새롭게 다가옵니다. 친구와 나눈 대화를 떠올려 보거나, 커피숍이나 공원 같은 장소에서 느낀 점을 찾아도 좋습니다. 평범한 일상에서 의외로 흥미로운 글쓰기 주제를 발견할 수 있습니다.

두 번째, 오감을 활용합니다.

사람은 시각, 청각, 후각, 미각, 촉각이라는 다섯 가지 감각을 느끼며 살아가지요. 우리에게 아주 친밀한 오감입니다. 하지만 무심코 놓쳐버릴 수도 있지요. 그 감각에 안테나를 세우고 관찰해보세요. 재밌고 새로운 주제를 도출해 낼 수 있어요. 자신의 일상을 새로운 시각으로 조명하는 시도는 글쓰기를 가장 쉽게 접근하는 방법입니다.

| 예문 |
| --- |
|     코로나 확진 후 자가격리 이틀째다. 태풍이 북상하고 있으니 외출을 삼가고 창문 단속 잘하라는 안전 문자가 수시로 뜬다. 비가 오니 가을이 온 듯 시원하다. 혹시 택배 온 거 있나 바깥문을 열어봤다. 신청한 게 없으니 도착할 택배가 있을 리 없다. 바람 쐬고 싶어서 핑계 댄 거다. 문을 열자마자 이상한 냄새가 훅 들어왔다. 여느 때와 마찬가지로 옆집 문 앞은 역시 지저분했다. 옥상으로 향하는 계단마다 양파 자루, 감자 박스, 대파, 소쿠리 등등이 놓여있어 사람 하나 겨우 지나갈 공간만 남겨놨다. 계단이 꺾어지는 넓은 공간에 운동화 두 켤레가 눈에 들어왔다. 아마도 비에 젖어 말리려고 내놓은 것 같았다. 계단 창문이 높아 햇빛이 운동화에 닿지도 않는 위치였다. 물기를 빨리 말리지 않으면 곰팡이 같은 세균이 번식해 역겨운 냄새가 날 텐데 오늘은 비까지 내리니 안 봐도 알만했다. 나는 빠꼼이 열었던 문을 후다닥 닫고 들어왔다. |

기분을 전환하기 위해 감나무가 보이는 창가로 가서 창문을 열어젖혔다. 시원한 바람이 머리칼을 휘날린다. 동시에 조금 전 그 냄새가 또 느껴졌다. 당황스러웠다. 멀리 떨어져 있는 운동화 냄새가 여기까지 올라올 리가 없는데 말이다. 범인은 나의 코였다. 코로나 증세로 밤낮 가리지 않고 기침을 심하게 했다. 예전부터 폐가 좋지 않았던지라 기침할 때 특유의 냄새가 속에서 올라오기도 했다. 그렇지만 심각하게 여길 정도는 아니었다. 며칠 전부터 콧물이 줄줄 흘러 코를 풀면 코피가 묻어 나오긴 했다. 코를 세게 풀다 후각에 문제라도 생긴 건 아닐까 싶었다.

신발 냄새가 내 코로 들어왔던 게 아니라 선입견이 작용했다는 게 어이없다. 이러한 '불필요한 선입'이 혹시라도 인간관계에 끼어든다면, 어찌 옳은 판단력을 기대할 수 있을 것인가. 냄새에 대한 오해가 해소되었으니 이비인후과 가서 내 코나 치료할 일이다.

세 번째, 하루 중 가장 즐겨 하는 일을 써 봅니다.

자신이 즐겨 하는 일을 글감으로 골라 주제를 써 나간다면 글쓰기에 한결 자신감이 붙을 거예요. 글쓰기 처음 시작하는 단계에서 버거운 주제를 선택하면 스트레스받을 수 있으니까요. 평소 신나게 해내고 있는 일이라면, 모르는 분야보다 글로 풀어내기 훨씬 수월하겠지요.

주제 찾기에 쉽게 접근하는 방법으로, 우선 키워드를 나열해보세요. 독서, 일기 쓰기, 요가, 명상, 맨발 걷기, 등산, 봉사활동, 손주 보기 등이 있습니다. 노트에 간단하게 적는 일이 주제의 단서가 됩니다. 아침에 일어나서 저녁에 잠들기까지 자신이 하는 일을 적다 보면 쓰고 싶은 주제가 떠오를 수 있어요. 그중 하나의 키워드를 주제로 확장합니다. 예를 들면, 손주 육아일기 쓰는 50대 할머니가 있습니다. 손주 자라는 모습을 블로그에 차곡차곡 정리해서 책으로 출간할 예정이라고 하더군요. 자신이 가장 잘 알고 행복을 느끼는 일이라면 최고의 주제입니다. 걷기를 좋아하는 60대 초반의 남성도 있습니다. 은퇴 후 시간 여유가 많아 서울 곳곳을 발로 누비고 다닙니다. 경기지역까지 점차 영역을 넓혀 기록으로 남기는 중이라고 합니다. '시니어가 가볼 만한 곳'이라는 주제로 책을 쓰고 싶다는 포부를 가지고 있습니다. 남은 인생은 여행작가라는 명함을 새기며 즐겁게 사는 게 꿈이라 합니다.

남들이 보기에 대수롭지 않을 것 같은 일도 글쓴이의 가치가 덧입혀지면 달라집니다. 진정성 있는 글은 일상을 소재로 해도 빛이 납니다. 주제를 정할 때는 간결하고 명확하게, 메시지가 선명하게 드러나도록 쓰면 좋습니다. 글쓰기라는 게 거창할 필요 없다는 점 염두에 두길 권합니다. 주제를 정할 때는 너무 사소할 정도로 작게 접근해보세요. 범위를 광범위하게 잡으면 글쓰기가 무척 어렵게 느껴질 수 있답니다. 매일 시장에서 만나는 아주머니의 에피소드도 주제로 삼을 수 있어요. 메모지를 꺼내놓고 의식의 흐름에 따라 낙서하다 보면 주제의 윤곽이 잡히기도 합니다. "무뚝뚝한 아줌마, 사나운 인상, 고구마 줄기, 옆집보다 천 원 비쌌다." 등. 단어 한 개든, 한 줄 문장이든, 일단 써보는 게 중요합니다.

다시 강조하자면, 주제를 어렵게 찾으려 하지 마세요. 일상에서 주위를 둘러보면 모두가 글감입니다. 그러니 글을 잘 써야 한다는 강박에서 벗어났으면 좋겠습니다. 잘 쓰기보다는 그냥 매일 쓰는 일이 더 중요하니까요. 인생 후반기를 작가로 누려보세요. 설사 글쓰기 능력이 탁월하지 않다고 해도 매일 묵묵히 쓰고 있다면 그 사람이 바로 작가입니다. 한 편의 글을 완성하는 힘이 생기면 책 한 권을 쓸 수 있는 역량이 자연스레 다져집니다. 한편씩 40여 개를 모으면 책으로 만들 수 있으니까요. 한 쪽지늘 표현하는 작은 주제 잡기에 익숙해졌다년 선제를 아우를 수 있는 책 주제 정하기에 자신감이 붙을 겁니다. 일상에서 주제를 찾을 때 쉽게 다가설 수 있도록 도움 되었기를 바랍니다.

# 내 경험이 전부다

 글을 잘 쓰려면 내가 경험하고 살고 있는 주변의 이야기로 글쓰기 주제를 정했을 때, 깊이 있는 글을 쓸 수 있습니다. 생각이 많이 들어갈 때 다양한 시각의 글이 나올 수 있고, 글감이 풍부해질 것입니다. 관심이 있다면 직장 일이 아니라도 부담 없이 흥미롭고 재미있게 글을 쓸 수 있습니다. 또한, 동기부여 되고 싫증도 나지 않습니다. 내 경험을 제대로 전달할 수 있는 주제 정하는 방법 세 가지를 소개하겠습니다.

 첫째, 관심과 흥미를 기반으로 주제를 선택합니다. 가장 중요한 것은 자신이 관심을 가지고 열정적으로 경험한 주제를 선택하는 것입니다. 어떤 주제에 대해 진정으로 관심 두고 있으면 자연스럽게 더 많은 정보와 세부 내용을 기억하고 전달할 수 있습니다. 실제 경험이 담겨 있는 글이라면, 더 깊이 있는 글을 쓸 수 있습니다. 독자에게 호기심과 궁금증을 자극할 만한 내 경험을 덧붙여 쓰면 됩니다. 예를 들어, 취미, 여행, 책, 또는 특별한 경험과 같은 주제에서 자신의 관심사와 열정을 찾으면 됩니다.

둘째, 독자를 고려해서 주제를 정합니다. 경험을 전달할 때 독자를 정하고, 그들의 관심을 고려하는 것이 중요합니다. 독자의 관심사와 선호에 따라 주제를 선택할 수 있습니다. 예를 들어, 아이들에게 경험을 전달하려면 아이들의 관심사에 맞는 주제를 선택해야 합니다. 또한, 전문가나 동료에게 전달할 때는 해당 분야의 전문 지식을 다루는 주제를 선택하는 것이 좋습니다.

셋째, 유용성과 가치를 고려하여 주제를 선정합니다. 주제를 선택할 때 어떤 유용성과 가치를 전달하고자 하는지 고려해보세요. 다른 사람들에게 도움이 되거나 영감을 주는 주제를 선택하면 더 큰 영향을 미칠 수 있습니다. 경험을 통해 얻은 교훈, 문제 해결 방법, 또는 인사이트를 공유하면, 다른 사람들이 해당 주제에서 얻을 수 있는 가치를 감지할 것입니다.

내 경험을 제대로 전달하는 두 가지 사례를 살펴보겠습니다.

| 예문 |
| --- |

　족구를 좋아하는 남편은 일요일 6시 30분 운동장에 갑니다. 네트를 쳐야 한다고 일찍 갑니다. 전날 과음을 했음에도 아랑곳하지 않고 일어납니다. 자기가 좋아하니 피곤한 줄도 모르나 봅니다. 족구 경기는 11시쯤 1차로 끝납니다. 2차는 동네 술집에서 4시까지 보냅니다. 인사불성이 되도록 술을 마시고 있습니다. 때로는 3차까지 해서 저녁 8시가 넘어도 집에 오질 않습니다. 이쯤 되면 딸과 저는 집을 떠나 동네 산책을 합니다. 남편이 집에 오면 술주정을 부립니다. 남편이 잠들 때까지 집에 못 들어갑니다. 집에 가면 화가 나서 싸워야 하기 때문입니다. 술에 취한 남편과 싸워 봤지만 나만 손해입니다. 예전에는 고쳐 보려고 술에 취한 남편에게 화도 내고 소리치면서 많이 싸웠습니다. 기억이 없다며 증거를 내놓으라고 화를 냅니다. 술 먹고 집에 오는 날은 잠을 잘 수가 없습니다. 새벽에 화장실을 찾느라, 방 안으로 들어와 더듬더듬하며 장롱문을 열고 오줌을 누려고 합니다. "화장실은 저쪽이에요."라고 하면, "너, 미쳤나? 화장실도 못 가게 해!" 화를 냅니다. 남편은 화장실도 모를 줄 아냐며 씩씩거리며 화장실로 갑니다. 한 번 들어가면, 잠이 들어서 나오질 않아요. 깨워야 일어납니다. 어느 날, "황 여사, 황 여사" 화장실에서 화난 목소리가 들립니다. 쫓아갔더니 문이 안 열린다고, 화장지 걸이를 돌려서 아예 못쓰게 고장을 냈습니다. 이렇게 부부 생활은 금이 가고 있었습니다. 탈출구가 필요했습니다. 피할 방법을 몰랐습니다. 시간이 해결해 줄 거로 생각하면서 세월을 보냈지요. 먹고 살아야 했습니다. 아이들 대학 마치면 이혼해야겠다며 참고 견뎠습니다.

6시 50분. 지각이다. 세수하고 가방 가지고 급행 5번 버스에 올랐다. 1시간 30분 타고 반야월 도착하니 8시 20분이다. 일찍 도착해서 안심했다. 길에서 요양학원 언니를 만났다. 공원 벤치에서 요양병원 실습 나갈 얘기를 했다. 나이 많은 언니들이라 걱정이 많다. 어르신을 돌봐야 하니 체력적으로 힘이 든다고 했다. 일주일만 출근하면 된다고 서로를 달래며 요양보호센터로 향했다. 센터장님께 인사하ㅓ 맥심 커피믹스로 피로를 달랬다. 코로나가 유행하여 열 체크와 진단키트 검사를 했다. 100평의 넓은 공간을 열다섯 명이 부엌, 교육장, 계단, 화장실을 나눠서 청소를 시작했다. 걸레 빨고 대걸레로 바닥을 닦았다. 여기저기 묵은 때로 청소하기 힘들었다. 손이 닿지 않는 곳엔 뽀얀 먼지와 쌓인 머리카락이 청소의 손길을 기다리고 있었다. 부엌에선 그릇 부딪히는 소리가 난다. 부지런한 언니가 정리 정돈을 깨끗하게 했다. 60세 남성 세 명은 계단 구역을 청소했다. 먼지가 많아서 물걸레를 빨아 박박 밀고 닦았다. 30도를 넘는 무더운 날씨에 모두 땀으로 흠뻑 젖었다. 여럿이 함께 청소하니 빠른 속도로 교육장은 깨끗하게 빛이 났다. 어르신이 좋아하고 고맙다고 하니 기분이 좋았다. 센터를 나와서 1층 식당으로 우르르 몰려갔다. 시장기가 있는지 각자 좋아하는 음식을 주문했다. 고사리, 콩나물, 호박 나물, 김 가루, 고추장, 시원한 콩나물국, 비빔밥에 눈이 먼저 호강이다. 김치전, 깻잎전, 버섯전은 고소하고 부드러워 맛있게 잘 먹었다. 사람은 밥을 먹어야 친해질 수 있다며 웃음꽃을 피웠다. 식사비는 반장과 언니 둘이 계산했다. 덕분에 잘 먹었다고 인사를 했다. 우리가 땀 흘리며 청소했듯이, 식당에서도 땀 흘리며 불 앞에서 전을 부치는 주방장이 있다. 맛있는 전을 먹을 수 있다는 게 고마웠다.

우리네 삶은 별다르지 않다. 각자의 위치에서 최선을 다하며 살아간다. 청소할 땐 청소를 잘하고, 식당에선 맛있는 음식을 대접하고, 먹을 땐 맛있게 먹고, 만든 이의 노고에 감사를 느끼면 된다. 우리는 더불어 살아가는 것 같다.

이러한 방법들을 고려하여 경험을 전달할 주제를 선택하면, 더 효과적으로 다른 사람들에게 전달하고 공유할 수 있을 것입니다.

또한, 핵심적인 메시지는 간결해야 합니다. 복잡한 메시지는 독자가 소화하기 어렵습니다. 중복되는 표현을 줄여야 독자가 더 쉽게 이해할 수 있습니다. 주제는 처음부터 정하고 글을 쓰는 게 좋습니다. 주제를 미리 정하지 않으면, 명확한 메시지 전달이 어렵기 때문입니다.

# 2장

# 분 량
# 채 우 기

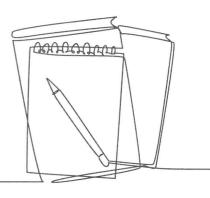

## 2-1

김미예

# 키보드와 경험 한 줄

글 한 편을 쓰기 위해서는 A4용지 기준 약 1.5매에서 2매를 써야 합니다. 1.5매 한 편의 글을 약 40편 정도 쓰면 A4용지 약 80매가 되고, 제목, 목차, 들어가는 글, 마치는 글 등을 포함하면 약 90매 정도가 됩니다. 원고지 분량으로는 약 800매에서 1,000매 정도의 분량입니다. 한 권의 책 출간이 가능합니다.

한 편의 글이 모여 40편이 되면 책을 낼 수 있다는 결론입니다. 김훈 작가도, 무라카미 하루키도 매일 일정 분량의 글을 썼기 때문에 책을 출간한 작가가 될 수 있었던 거지요. 이렇듯 하나의 주제로 A4용지 1.5매 분량을 채우는 것은 결코 만만한 작업이 아닙니다. 호기롭게 한글 파일을 열어 백지 위에 한 줄 쓴다 쳐도, 처음 시작은 어떻게 쓰고 본론은 무슨 내용으로 채우며 마무리는 어떻게 해야 할지 앞이 보이지 않고 골치가 딱딱 아플 겁니다. 제법 썼다고 생각했는데 A4용지 반도 채우지 못하고 고민만 할 때도 부지기수였습니다. 분량 노이로제에 걸리기도 했습니다. 어떤 날은 분량만 생각하고 오만가지 이야기를 다 갖다 붙여 글이 산으로 가며 주제가 흔들렸습니다. 도통 내가 지금 무슨 말을 하는 건지 머리를 쥐어박았지요. 썼던 걸 모두 다 지워버리기도 했습니다. 한참 동안 쥐어 짜내느라 허기가 질 때도 있었습니다. 분량 1.5매를 채워야만 진도가 나가기 때문에, 관련 내용 검색을 하든 간에 경험을 계속 생각해 내야만 했습니다. 어찌어찌 백지에 글을 채우고 나면 두세 시간이 훌쩍 시났고 진이 빠서 아무것도 할 수 없었습니다.

분량을 채우기 위해 책을 펼쳐보기도 하고 생각날 때마다 메모와 낙서를 통해 끄적끄적 관련 내용을 간단하게라도 적었습니다. 도움이 되더라고요. 그런데 쓸 때마다 문제에 부딪혔습니다. 암만 봐도 저거 내가 썼었는데 또 써도 될까 싶을 정도로 내용에 한계를 느꼈습니다. 같은 말을 되풀이하는 듯한 중복된 표현, 적확한 단어 등이 떠오르지 않아 분량 채우기가 쉽지 않았습니다. 독서의 부족이 원인이란 걸 알게 되었습니다.

구성도 문제였습니다. 뭘 어떻게 잡아 나가야 할지 고민되었습니다. 한 편의 글을 쓰는 데 여러 가지 방법이 있겠지만 서론, 본론, 결론으로 써야 할지, 기승전결 등으로 나가야 할지 더 난감했습니다. 분량 채우기는 여전히 숙제가 되었습니다. 미궁 속으로 빠져들었습니다. 별생각 다 들더군요. 글을 잘 쓰는 건 생각지도 못하고요, 쓰는 과정 자체가 재미도 없고 힘들기만 했습니다. 내가 미친 짓을 하는 건 아닌가, 시간 낭비하는 건 아닐까 부정적인 생각만 가득했습니다. 작가가 되고 싶어서 시작했는데, 능력이 안 된다는 생각에 힘이 빠졌습니다. 남들과 비교하니 더 절망적이고 좌절감에 뭐라 표현하기도 힘들었습니다. 그래도 무슨 방법이 있을 거라는 막연한 기대는 버리지 못하고 매일 억지로라도 쓰고 좌절하고, 비교하는 악순환을 반복했습니다.

방법을 바꿨습니다. 유명 작가의 글을 한 페이지 읽고, 와닿는 내용만 베껴 써보기로 했습니다. 그들은 어떻게 썼는지 읽고 흉내라도 내고 싶었지요. 그대로 옮겨 적다 보면 아이디어가 떠오를 거로 생각했습니다. '와! 어떻게 이런 문장을 쓸 수 있을까. 얼마나 노력을 기울여야 이렇게 기막힌 단어, 문장으로 연결할 수 있을까!' 나도 이들처럼 멋진 문장 하나 쉽게 쓰면 좋겠다는 생각에 읽고 밑줄 긋고 흉내 내어 노트에 옮겼습니다. 그러다가 내 생각을 한 줄 두 줄 썼습니다. 처음엔 어색하고 이상하더라고요. 백지를 노려보다가 마음먹고 한 줄 끄적였습니다. 다음 문장을 이어 받아썼습니다. 글쓰기 선생님에게 배운 방법도 적용했습니다. 내 경험을 구체적으로 적어보았습니다. 썼다 지웠다 반복했습니다. 광고주와 상담을 계속해서 피곤하고 짜증이 났지만 대충하지 않고 풀어 써보았습니다. 매물 등록에 어려움이 있는 광고주가 씩씩대며 전화해 화를 냈습니다.

"여보세요. 나 진짜 성질나서 못해 먹겠네. 책임자 바꿔. 뭐 이따위야! 아까 고대로 원상 복구 시켜놓지 않으면 고소할 거니까 그리 알라고! 알겠어?"

전화선을 타고 들려오는 광고주의 거친 숨소리와 욕설, 씩씩거리며 부르르 떠는 상황도 모조리 적었습니다. 전화를 받고 내가 한 행동을 상담 일지에 기록했습니다. 손가락을 놀려 일단 한 줄 시작하는 것이 중요했습니다. 앞에 말을 다음 말이 받으니 몇 줄 쓰게 되더라고요. 잘 쓰고 못 쓰고를 떠나 A4 1.5매를 채웠습니다. '제법 쓸 수 있네. 나도 글이란 걸 써볼 수 있겠구나.' 용기가 생겼습니다. 그 후로 습작, 블로그 포스팅, 각종 강의를 듣고 후기 등을 썼습니다. 2년이 지났습니다. 글을 쓰고 싶지만 잘 되지 않는 초보작가, 그리고 책을 쓰기 위해 덤벼든 사람들, 분량 채우기 어렵고 힘든 작업입니다. 이럴 때 가장 좋은 방법은, 내가 보고 듣고, 경험한 내용을 그대로 적어 보는 겁니다. 구체적이고 있는 그대로 팩트만 보여 주듯 생각나는 대로 다 씁니다. 독자를 옆에 앉혀 놓고 이야기하듯, 내가 하는 말에 독자가 장면을 떠올리고 같이 따라와 줄 수 있게 쓴다면 더 바랄 게 없지만 있는 그대로 쓰다 보면 아이디어가 떠오를 겁니다.

한 편의 글을 쓸 때 사람들이 느끼는 공통점이 있습니다. 두려움입니다. 분량에 대한 부담이 크죠. 그러나 두려움과 분량은 시작하면 사라집니다. 오늘 있었던 일, 최근 좋았던 일 등을 생각나는 대로 메모합니다. 내가 쓴 메모를 보면서 일단 한 줄 씁니다. 다음 문장을 이어받아 한 편의 글을 완성할 수 있습니다. 키보드 위에 손가락을 올려놓습니다. 머리가 아닌 오직 손가락으로 키보드를 두들깁니다. 나만의 글이 채워집니다. 절대 물러서지 말고, 오늘 한 편의 글을 쓰는 데 집중하시기를 바랍니다. 내가 쓰는 한 줄이 나와 같은 사람을 살린다는 마음으로 쓴다면 보람 있을 겁니다. 시작했다면 분량을 채우기 위한 나만의 필살기를 놓치지 마세요. '그냥' 쓰면 됩니다. 분량 그까짓 거!

# 원숭이 엉덩이는 빨갛죠, 그다음요?

'원숭이 엉덩이가 여기서 왜 나와?'

글쓰기랑 무슨 상관인지, 의아하시죠. '분량 채우기'를 위해 어릴 때 불렀던 노래를 가져왔어요. 주제를 정했고 구조도 만들었다면, 이제 초고를 위해 달려야 합니다.

얼마만큼 써야 책이 될까요? 표지, 목차, 들어가는 말, 맺는말 제외하고요. 글자 크기 10포인트로 본문만 A4 80매입니다. 한 목차당 1.5~2매 분량이고요. 이걸 40편 씁니다. 한 장도 버거운데 80매라니, 시작 전부터 '어휴~' 소리 절로 나지요. 제가 출간한 책을 모두 합치면 A4 500여 장이 됩니다. 백지 채우면서 여러 방법을 써봤어요. 효과 있었던 것 세 가지 소개합니다.

## 노하우 1. 꽁지 따기 글쓰기

초등학교 2학년 국어 교과서에 '꽁지 따기 말놀이'가 나옵니다. 앞 문장의 끝 단어를 보고 연상되는 단어로 말을 이어가는 놀이입니다. 전 국민이 다 아는 동요가 있죠.

원숭이 엉덩이는 빨개. 빨가면 사과. 사과는 맛있어. 맛있으면 바나나. 바나나는 길어. 길으면 기차. 기차는 빨라. 빠르면 비행기.

말놀이하듯 글 쓰는 걸 좋아해요. 무얼 하든지 '재미'를 붙여둡니다. 꽁지 따기에 육하원칙을 접목하면 문장이 풍성해져요. 앞 문장에 언제, 어디서, 누구와 무엇을, 왜, 어떻게 했는지 질문을 던져보며 다음 문장을 이어 나가 보세요. 한 문장이 한 문단이 돼요. 실전에 들어가 볼까요?

"소미 씨, 어제 뭐 했어요?"

"어… 어제… 갑자기 생각이 안 나요. 뭐 했지? 아… 홈플러스에 갔어요!"

"거기에서 본 걸 자세히 풀어보죠. 바로 생각이 안 날 거예요. 질문을 던져 줄게요."

Before: 홈플러스에 갔다.

After: (언제, 왜 갔어요?) 저녁 먹고 홈플러스에 갔다. 선크림이 떨어졌다. (어느 매장에서 샀어요?) 1층 올리브 영에서 사고, 음식 백화점을 둘러봤다. (뭐가 보였어요?) 튀김집 사장님이 오징어를 튀기고 있었다. (사장님은 어떻게 생겼죠?) 눈썹이 시커멓고, 눈이 부리부리한 사장님이 먹고 가라고 소리쳤다. (음식 주문했나요?) 고소한 냄새에 흔들렸지만, 참았다. 저녁을 배부르게 먹었다. (1층에만 있었어요?) 소화 좀 시킬 겸 3층으로 올라갔다. 전자 제품 판매대에서 노트북을 보고 싶었다. (어떤 노트북이요?) 살까 말까 고민 중인 엘지 그램 신형을 먼저 보았다. (크기, 색깔, 사양, 가격은 어땠어요?) 16인치 화면, 스노우 화이트 제품이 마음에 들었다. 무게도 1.2kg으로 휴대하기에 괜찮았다. 사양은 i5 급이었고 가격은 180만 원이었다.

어때요? 쭉 늘어났죠? '끝말잇기와 육하원칙 콜라보'는 여러 장점이 있어요. 첫째, 모든 문장이 주제를 향해 촘촘하게 연결돼요. 둘째, 맥락이 자연스러워요. 셋째, 재밌어요. '원숭이 엉덩이는 빨개' 놀이처럼요. 막혔던 글이 술술 풀리는 경험을 한 번 하고 나면요. 글쓰기, 할 만합니다!

## 노하우 2. 초고는 친구랑 수다떨 듯

코로나 직전에, 처음 만나는 학원장과 아홉 시간 수다를 떨었어요. 한 시에 만나 월남쌈 먹고 카페라테 마셨죠. 할 말이 남아서 헤어지긴 아쉬웠어요. 이른 저녁으로 즉석떡볶이를 먹고 열 시까지 얘기했어요. 학습법, 자녀교육법, 강사 문제, 진상 학부모, 사춘기 학생 수업에 대해서요.

몇 달 뒤 2020년 2월에 첫 책 초고를 쓸 때, 그때의 수다가 생각났어요. 주제가 같았거든요. A4 두 장은 두 시간이면 될 줄 알았어요. 말한 걸 쓰면 되니까요. 웬걸요! 손가락이 키보드에 붙어버렸어요. 답답해서 미칠 노릇이었죠. 한글도 알고요. 노트북, 종이와 연필도 있고요. 그뿐인가요? 커피 없으니 안 써진다는 핑계로 맥심 모카 골드 한 잔 탔습니다. 여전히 빈 화면에 커서만 깜빡깜빡.

수다는 문법을 묻지도 따지지도 않죠. 문장 부호와 오타는 보이지 않고요. 은어와 줄임말 써도 됩니다. 글은 어떻죠? 늘 독자와 주제를 생각합니다. 문장 부호 지켜야죠. 오타, 티 납니다. 이것저것 따지려니, 한 문장도 어렵습니다. 도저히 진도가 나가지 않을 때, 친구와 수다 떠는 상상을 해요. 내가 질문하고 내가 답합니다. 이 글도 가상 수강생, 진소미 씨와 대화하면서 쓰고 있어요. 한 문장 쓸 때마다 맞나 틀리나 검열하지 않아요. 퇴고가 있으니까요. 한 번 내뱉은 말은 주워 담을 수 없듯이, 한 번 쓴 초고는 그대로 놔둡니다. 어제 쓴 글 잊고 오늘 쓸 글에만 집중해요. 그래야 1.5매 채울 수 있어요.

## 노하우 3. 음식과 날씨로 묘사 연습

나탈리 골드버그는 시인이자 소설가입니다. 『뼛속까지 내려가서 써라』에서 일상 글쓰기 소재로 '음식'을 추천했어요. 작문 시간에 수강생들에게 써보라고 했더니, 아무도 시작하지 않더래요. 글감을 음식으로 정했더니 움직이더랍니다. 저도 음식으로 연습하는 걸 좋아해요. 매일 보는 거라 만만하거든요. 만져도 되고요. 냄새를 맡을 수 있어요. 맛도 느끼죠. 색상과 모양도 다양해요. 묘사 연습에 안성맞춤이죠! 살기 위해 먹느냐, 먹기 위해 사느냐고 하죠. 작가는요, 쓰기 위해 먹고요 먹기 위해 씁니다. 어제는 비빔 냉면을 묘사했어요.

'실타래처럼 말아진 면 위에 고명이 층층이 올려져 있었다. 맨 꼭대기엔 삶은 달걀이 아슬아슬하게 걸터앉았다. 반들반들한 흰자에 통깨와 가루 깨가 잔뜩이었다. 달걀 아래층은 잘게 찢어진 소고기가 있었다. 그 아래엔, 채 썬 오이와 기다란 직사각형 무김치가 자리했다. 빨강 양념장은 고명 사이사이에 넉넉히 뿌려져서 바닥까지 흘러내렸다. 면이 단단히 말아져 있었다. 한 손으로 비벼지지 않았다. 양념장이 튈까 봐 양손으로 면을 살살 풀면서 비볐다. 면이 빨갛게 물들었을 때, 젓가락으로 건져 올려 입에 넣었다. 처음엔 새콤, 달콤, 매콤 삼박자가 조화로웠다. 먹을수록 '쓰읍 쓰읍' 소리가 절로 났다. 밀면 한 젓가락에 육수 한 모금씩 홀짝거렸다. 한 그릇 뚝딱 비웠다.'

음식만큼 인기 있는 단골 소재는 '날씨'입니다. '엄청 더웠다' 대신 이렇게 표현해요. '겨우 3분 걸었는데 얼굴이 달아올랐다. 이마에 땀이 맺혔다. 얼굴에도 땀방울이 흘러내렸다. 금세 티셔츠까지 축축해졌다.'

얼마나 더웠는지 그림이 그려지나요? 묘사는 글자 수 늘리는데 좋은 방법이지만, 노력도 필요합니다. 초보 작가는 묘사해 본 경험이 적어요. A4 2매 채우는 연습도 해보지 않았고요. 이것도 빼놓을 수 없죠. SNS! 즉석 메시지와 짧은 글에 익숙해요. 시간 들여 생각을 정리하고 장면을 생생하게 표현하는 게 만만치 않을 수밖에요. 경험의 문제이지, 역량이 부족해서가 아니에요. 의기소침해할 필요 없어요. 연습하면 충분히 할 수 있어요!

'초고는 토끼처럼, 퇴고는 거북이처럼!' 초고의 목적은 두 달 안에 분량 채우기예요. 어제 쓴 글에 손이 자꾸 가죠? 오늘 1.5매에만 집중합니다. 잘 쓰고 싶은 마음은 퇴고 때 꺼내주세요. 노하우 세 가지 말씀드렸어요. 첫째, 앞 문장 받기. 둘째, 친구랑 수다 떤다는 기분으로. 셋째, 평상시에 묘사 연습하기. 하나씩 시도해보면, 내게 맞는 방법이 찾아옵니다. 텅 빈 모니터에 한 글자씩 수놓아 보세요. 채울수록, 공감과 위로를 건네는 기쁨이 차오릅니다.

# 잘 쓰려고 하지 말고 그냥 쓰기

　몇 년 전 심플라이프가 유행했습니다. 불필요한 것을 버리고 중요한 일에 집중합니다. 여러 가지 방법이 있습니다. 마음 비우기, 안 쓰는 물건 버리기, 정리정돈하기 등이 있습니다. 버리기의 반대말은 채우기입니다. 글을 쓰는 것은 채우는 일입니다. 책을 출간하려면 분량을 채워야 합니다. 점심시간에 직장 동료와 식당에 갑니다. 식사하기 전 수저를 놓고 컵에 물을 채웁니다. 쉽게 할 수 있습니다. 만약 컵 모양 입구가 좁다면 어떨까요? 조금씩 천천히 물을 따라야 합니다. 글쓰기 분량을 채우는 일도 비슷합니다.

　수도꼭지에서 물을 받을 때 넓은 양동이는 채우기 쉽습니다. 작은 물병은 조금씩 채워야 합니다. 글쓰기를 처음 배울 때 분량을 채우기가 어려웠습니다. 생각나는 대로 쓰다가 조금 고치고 다시 쓰기를 반복했습니다. 글을 잘 써야 한다는 마음이 컸습니다. 분량을 채우기가 어려운 이유는 너무 잘 쓰려고 하기 때문은 아닐까요?

　글쓰기를 배우면서 힘들었던 부분이 분량을 채우는 것이었습니다.

무엇을 어떻게 써야 할지 답답합니다. 답답한 마음을 시원하게 뚫을 수 있습니다. 분량을 채울 수 있는 가장 좋은 방법은 경험입니다. 내가 겪은 경험을 씁니다. 살면서 기쁜 일, 슬픈 일, 즐거운 일, 힘든 일 등 많은 일을 겪습니다. 살아온 경험이 같을 순 없습니다. 똑같은 일을 경험해도 생각이 다르고 상황이 다릅니다. 나만의 경험을 쓰면 분량이 채워집니다. 어릴 때 겪은 이야기, 가족, 친구, 사람과 사물에 얽힌 추억을 생각합니다. 요즘 스마트폰에서 과거 사진을 보여 줍니다. 좋았던 추억이라고 사진을 모아서 자동으로 알려 줍니다. 사진을 보면 예전 기억이 생각납니다. 내 경험도 사진처럼 메모합니다. 저는 회사에서 하는 일을 한 줄로 간단하게 써 놓습니다. 날짜별로 써 놓은 기록을 볼 수 있습니다. 오늘 한 일과 작년에 같은 날짜에 한 일을 알 수 있습니다.

주제를 정하고 나서 경험을 생각합니다. 주제와 맞는 경험과 연결합니다. '단순하게 살자'라는 제목으로 글을 쓴다고 가정해 보겠습니다. 어떻게 뭘 써야 할지 감이 잘 안 옵니다. 경험을 생각합니다. 복잡한 일로 인해 힘들었던 일, 젊을 때 홈쇼핑에 빠져서 물건을 쌓아놓고 살았던 경험, 걱정과 고민이 많아서 힘들었던 시절, 물건이 많이 없어서 깔끔한 집을 본 느낌, 단순하게 사는 작가의 책을 읽은 내용 등등 내가 경험한 일들을 메모합니다. 막연하게 생각만 할 때보다 쓸 거리가 생깁니다.

잘 써야겠다는 압박에서 벗어나는 것도 필요합니다. 글을 쓴다고 하면 '내 글을 누가 보고 뭐라고 하지 않을까.'라는 생각에 잘 쓰고 싶은 마음이 생깁니다. 멋진 글을 써야지 하는 생각을 하면 글쓰기가 어렵습니다. 한 줄 쓰려고 해도 문장을 어떻게 표현할지 고민합니다. 분량을 채우려면 생각나는 대로 일단 써야 합니다. 초보 작가인 저도 처음에는 잘 써야겠다는 마음이 불타올랐습니다. 독자에게 글을 잘 쓴다는 말을 듣고 싶었습니다. 첫 번째 공저 『글쓰기를 시작합니다』를 쓸 때 내용을 채우기가 임들었습니다. 멋진 글을 쓰고 싶었습니다. 글을 써서 책으로 나오는데 잘 써야겠다는 생각이 가득했습니다. 초고는 빨리 써야 한다고 했는데 어려웠습니다. 글쓰기, 책 쓰기 수업을 들으면서 생각을 바꿨습니다. '그래, 나는 초보 작가다. 왜 그렇게 잘 쓰려고 하지? 일단 써보자'

마음을 내려놓고 경험을 말하듯이 쓰려고 했습니다. 글을 쓰기 전 주제 관련된 경험을 메모합니다. 첫 공저 책에 저의 경험담을 실을 수 있었습니다. 직장 동료와 나눈 이야기를 썼습니다. 아무것도 없는 상태에서 억지로 머릿속 생각만으로 글을 짜내려면 쉽지 않습니다. 뭉쳐진 실타래를 조금씩 푸는 것처럼 하나씩 풀어나갑니다. 일상의 경험을 메모합니다. 글쓰기 재료도 모아야 합니다. 재료를 모으기만 해서 글이 된다면 얼마나 좋을까요? 다 모으면 정리하고 연결해야 합니다. 집에서 음식을 만들기 위해 준비하는 과정을 생각해 봅니다. 재료가 아무리 많아도 조합이 맞지 않으면 먹고 싶은 음식을 만들기 어렵습니다. 콩나물국을 먹고 싶은데 콩나물이 없으면 먹을 수 없습니다. 원하는 재료를 준비하기 위해서 메모하고 경험을 생각해 봅니다.

분량을 채우기 위한 또 다른 방법은 매일 글을 쓰는 것입니다. 글을 쓰는 습관과 꾸준하게 쓰는 것이 중요합니다. 한 줄이라도 일기를 매일 쓰거나 블로그에 글을 올립니다. 써놓은 글을 보고 참고해서 분량을 채울 수 있습니다. 글을 계속 쓰다 보면 생각이 연결됩니다. 스스로 질문을 하고 답을 쓰는 방법도 있습니다. 과거 이야기를 쓴다면 그 당시 나에게 어떤 말을 할지 생각합니다. 스스로 물어보고 답을 합니다. 글 쓰면서 나에게 말을 걸어봅니다. 처음에 책을 출간하기 위해서 글 쓸 때 뭐가 제일 힘들었지? 분량 채우기야. 어떻게 분량을 채웠지? 매일 글 쓰기 위해서 한 줄이라도 썼어. 한 줄이 두 줄이 되고 세 줄로 점점 늘어났어. 일상에서 일어난 일을 떠올렸어. 주제와 연관되는 얘기를 쓰니까 분량을 채울 수 있었어. 자꾸 말을 걸고 답하다 보면 나도 모르게 아이디어가 떠오릅니다.

단어의 정의를 찾아서 쓰고 풀어내는 방법도 있습니다. 자신감이라는 내용으로 글을 쓰려고 할 때 뜻을 찾아봅니다. 검색해 보면 자신감은 '어떤 일에 자신이 있다는 느낌'(네이버 국어사전), '무엇을 스스로 이루어 낼 수 있는 느낌'(구글 위키 낱말사전)입니다. 예문도 찾아봅니다. 자기 일에 대한 자신감이 가지고 있다는 예문을 찾습니다. 나는 어떤 일할 때 자신이 있는지 생각합니다. 저는 회사에서 보고서를 많이 써봤습니다. 보고서 작성할 때 자신감이 생깁니다.

분량을 채우기 위한 특별한 비법이 있을까요? 글쓰기 분량을 채우기가 힘들 때 상상해봤습니다. 갑자기 초능력이 생겨서 글을 맘껏 쓸 수 있으면 좋겠다. 현실은 여전히 백지와 싸우고 있습니다. 글쓰기 관련 책을 많이 읽었습니다. 항상 나오는 얘기는 꾸준히 한 줄이라도 써야 한다고 합니다. 결국엔 꾸준히 쓰는 한 줄이 분량을 채우는 밑거름이 됩니다. 매일 블로그에 글을 쓰고 있습니다. 운동하면 근육이 생기는 것처럼 글을 계속 쓰면 생각의 근육이 발달합니다. 저음에 쓸 때는 뭘 써야 할지 막막했습니다. 지금은 오늘 내 기분과 경험을 씁니다. 아직은 짧은 글을 쓰고 있습니다. 점점 분량이 늘어나고 저도 많이 쓸 수 있다는 생각을 합니다.

글로 쓸 만큼 뭔가 특별한 삶이 아니다, 너무 평범해서 쓸 내용이 없다는 얘기를 들었습니다. 평범하게 사는 삶이 더 와닿습니다. 그냥 살아가는 사람의 이야기가 더 공감이 갑니다. 같은 경험을 한 이웃의 일상은 편안하게 읽을 수 있습니다. 회사 일을 할 때도 비슷합니다. 세계적인 기업의 우수한 사례는 멀게 느껴집니다. 눈앞에 있는 내 업무와 관련된 일에 관심을 가집니다. 저도 아직 글쓰기가 쉬운 일은 아닙니다. 꾸준히 읽고 쓰면서 계속 쓰는 습관을 기르려고 노력하고 있습니다.

골프 배울 때 힘을 빼라는 얘기를 듣습니다. 처음부터 잘하려고 의욕이 앞서면 몸에 힘을 꽉 줍니다. 몸이 경직되면 마음대로 잘되지 않습니다. 기본자세를 갖추고 하나씩 배워야 합니다. 프로선수들은 무리하게 힘을 주지 않습니다. 반복된 훈련으로 힘을 빼고 공을 칠 때 부드럽고 편안하게 칩니다. 글쓰기도 잘해야지 하는 마음이 앞서면 편하게 쓰기가 어렵습니다. 잘 쓰겠다는 부담감이라는 마음의 힘을 빼는 기술도 필요합니다. 잘 쓰겠다는 마음을 버리기, 내 경험, 꾸준히 쓰는 습관을 활용하면 됩니다. 천천히 하나씩 연습하고 글을 쓰는 방법으로 분량을 채울 수 있습니다.

# 글쓰기의 기본

　책을 출간할 때 중요한 것은 어떤 것이 있을까? 주제 선택, 문장력, 내용에 맞는 사례, 글 구성, 메시지, 분량 등이 있다. 이 중에서 가장 중요한 것은 분량을 채우는 것이다. 책을 출간하기 위해서는 최소 분량이 있다. 책 한 권 분량은 200자 원고지로 600매 정도이다. A4용지로 80페이지다. 보통 종이책에서 한 꼭지를 쓸 때, A4용지로 한 장 반에서 두 장을 채워야 한다. 글이 책이 되기 위한 가장 기본은 충분한 분량을 채우는 것이다. 문제는 분량을 채우는 게 생각보다 쉽지 않다. 처음 공저를 쓸 때 두 페이지 정도는 금방 쓸 수 있을 줄 알았다. 두 페이지는커녕 한 페이지도 채우기 어려웠다. 아무리 내용을 늘려 보려 해도 쓸 말이 없었다. 한 꼭지를 쓰는데 하루가 꼬박 걸렸다. 글쓰기 수업에서는 분량을 채우는 게 중요하다고 들었다. 내용을 듣기만 할 때는 몰랐다. 분량 채우기가 왜 중요한지 깨닫는 순간이었다.

　분량을 채우는 것도 연습이다. 글을 많이 써봐야 분량을 채우는 게 쉬워진다. 글쓰기를 많이 해봐야 쓸 말도 잘 떠오른다. 꾸준하게 분량을 늘리는 연습이 필요하다. 글쓰기 연습을 할 때 한 번에 분량을 모두 채우려 하지 않는다. 금방 지치고 포기할 수 있다. 언제 다 쓰나 싶어 분량에 주눅들게 된다. 그럴 때는 한 문장을 쓰는 데 집중하자. 한 문장을 쓰고, 그 문장을 뒤이을 한 문장을 또 쓴다. 문장이 모여 문단이 된다. 문단이 모이면 단락이 되고, 단락은 글이 된다. 앉은 자리에서 한 번에 두 페이지를 적어야 한다는 법은 없다. 한 문장씩 쓰다 보면 어느새 두 페이지가 되어 있을 것이다.

글을 처음 쓰는 것을 초고라고 한다. 초고에서는 주제와 구성을 정하고 난 후 분량을 채우는 것에 중점을 두고 글을 쓴다. 앞서 말한 한 문장에 집중하는 방법으로 쓰면 된다. 글을 쓰면서 떠오르는 것들을 최대한 적어두는 게 필요하다. 많은 내용이 초고에 담겨야 한다. 초고 작성 시 기본 분량을 채우지 못했다고 가정해 보자. 초고를 마치고 난 후에 퇴고한다. 퇴고할 때는 메시지를 정리하고, 글 군더더기를 줄인다. 문장을 정리하고 줄여야 하는데 내용을 부족하면 분량이 더 줄어든다. 줄어든 분량을 늘리려 하면 힘이 든다. 게다가 내용을 고치다 보면 분량이 줄어들기도 한다. 긴 내용을 짧게 줄이기는 쉽다. 없는 내용을 늘이는 것은 힘들다. 그러니 초고에서는 분량을 채우는 게 우선이다. 분량을 채워야 할 때 내가 쓰는 방법 세 가지를 소개하고자 한다.

첫째, 묘사하듯 쓴다.
묘사는 어떤 대상이나 사물, 현상 따위를 언어로 서술하거나 그림을 그래서 표현하는 것이다. 독자가 글을 읽으면서 머릿속으로 내용을 떠올릴 수 있을 정도로 자세히 작성하면 된다. 묘사할 때 내가 지금 쓰려는 장면을 사진이라고 생각하면 좋다. 사진에서 보이는 것을 적는다. 이때 사진의 한쪽에서 다른 쪽으로 이동하면서 묘사한다. 이렇게 하면 내용을 빠트리지 않고 묘사할 수 있다. 너무 상세하게 내용을 작성하는 것 같아 걱정되는가? 걱정할 필요가 없다. 퇴고하면서 글이 지루하다면 얼마든지 수정할 수 있다. 초고에서는 분량을 채우는 데 목적을 두자. 묘사를 조금 더 생동감 있게 하고 싶다면, 오감을 활용하면 좋다. 예를 들어보자면 아래와 같다. 꽃 색과 꽃병 모양을 설명함으로써 독자는 더 자세히 내용을 떠올릴 수 있게 된다. 묘사하기 위해서는 대상을 관찰해야 한다. 관찰력이 좋은 사람에게 묘사가 유리하다. 평소 주변을 의식적으로 관찰하는 습관을 길러보는 것을 추천한다.

---

화병에 꽃이 꽂혀있다.
노란 백합이 투명한 원통 유리 화병에 꽂혀있다.

---

둘째, 대화체로 쓴다.

대화체는 대화하는 형식으로 서술하는 문체이다. 대화체를 사용하면 말하는 사람의 감정과 성격을 효과적으로 전달할 수 있다. 어투를 그대로 읽을 수 있기 때문이다. 서술되는 글의 지루함을 줄일 수 있어 독자가 흥미를 느끼기 쉽다. 대화를 통해 상황을 유추할 수 있어 자세한 설명이 따로 필요 없을 수도 있다. 대화체 예시는 아래와 같다.

시험성적표를 본 아빠가 화가 나서 나에게 뭐가 되려고 이러냐고 한마디 하셨다. 나는 아빠도 공부를 못했으면서 왜 뭐라고 하는지 따졌다.

시험성적표를 받아 본 아빠는 나를 쳐다보고 한마디 하셨다.
"녀! 느그 반에서 꼴등인 거 너 아냐? 너 뭐시 될라고 그냐?"
"아빠! 아빠는 공부 잘했어? 아빠도 꼴찌였던 거 내가 모를 줄 알아? 할머니한테 다 들었어. 아빠 공부 못해가꼬 빤쓰 바람으로 쫓겨난 거!!"
안 그래도 시험을 못 봐서 속이 상한데, 아빠의 한마디에 욱해서 따지고 들었다.

셋째, 예시를 작성한다.

내가 쓰고자 하는 주제에 관련된 예시를 덧붙이는 것이다. 주장을 뒷받침하는 사례를 하나만 쓸 필요는 없다. 사례나 에피소드를 세 개에서 다섯 개 정도 작성하면 된다. 예시가 많으면 주장에 설득력을 높일 수 있다. 독자는 예시로 작가의 주장에 더 확신을 갖게 될 것이다. 작가의 경험을 간접 체험할 수 있기 때문이다. 내용을 이해하는 데도 도움이 된다. 독자는 글을 읽고 자신에게 맞는 예시를 선택해서 사용해 보기도 할 것이다. 읽다가 새로운 아이디어가 떠오른 독자라면 예시를 변형해서 사용하기도 한다. 각각의 예시에 내 경험을 추가해서 분량을 채우면 된다. 일기를 써야 한다는 글을 쓴다면 아래와 같이 예시를 들어볼 수 있을 것이다.

---

**주제:** 일기를 쓰는 것은 유익한 점이 많다.

**예시 1:** 하루를 정리할 수 있다.
**예시 2:** 나를 돌아볼 수 있다.
**예시 3:** 스트레스가 해소된다.

---

글을 쓸 때 가장 기본이 되는 것은 한 꼭지의 분량(A4용지 기준 1.5~2매)을 채우는 것이다. 초고에서는 반드시 분량을 채워야 한다. 그래야 퇴고도 있고, 탈고도 있다. 시작이 절반이라는 말처럼, 글쓰기에서는 분량 채우기가 절반이다. 모든 것은 기본에서 시작한다는 책 제목도 있지 않은가. 잊지 말자. 글쓰기의 기본, 분량 채우기.

# 상상의 힘을 빌려라

글을 쓰기 위해서는 독서해야 한다. 꾸준히 일정 분량을 읽어야 한다. 글을 쓰는 사람이 독서하지 않는다는 말은 들어보지 못했다. 더욱 강조하며 책을 읽으라 한다. 지식을 쌓기 위한 독서를 강조한다고 생각했다. 전문 지식이 있어야 글을 쓸 수 있다고 생각했다. 글을 쓰며 느꼈다. 한 문장 뒤에 또 다른 문장을 이어 갈 힘이 있어야만 글을 쓸 수 있는 것이다. 분량을 채우는 일은 생각보다 힘든 일이다. 무슨 이야기를 또 써야 하나 어렵게만 느껴진다. 한 단락을 쓰려면 여러 문장이 필요하다. 두세 문장으로는 한 단락이 되지 않는다. 한 단락 안에는 반복되지 않는 문장들로 이루어진다. 엉뚱하게 다른 이야기로 빠져서도 안 된다. 하나의 주제에 집중해서 써야 한다. 그 힘은 독서에서 나온다. 책 속의 한 단락을 읽어 보면 고개를 끄덕이게 된다. 작가가 하고 싶은 말을 단락 안에서 어떻게 전하고 있는지 알게 된다.

한 단락을 쓰려면 상상력이 필요하다. 에세이를 쓸 때도 자기계발서를 쓸 때도 마찬가지다. 상상력은 동화 같은 장르를 쓸 때만 필요한 것이 아니다. 한때 나는 세상에 없는 일을 있을 법하다고 생각하며 꾸며 쓰는 동화를 쓸 때만 상상력이 필요하다고 생각한 적이 있다.

아이들과 동화 쓰기 수업을 할 때 느낀다. 어린이들의 상상력은 끝이 없다. 재미있는 상상을 할 수 있는 아이들이 대견했다. 아이들의 글을 읽어 보면 신이 난다. 재미있다. 통쾌하기도 하다. 때론 감동적일 때도 있다. 수업했던 아이의 글이 생각난다. 얼마 전 하늘나라에 가신 할머니가 보고 싶은 마음에서 쓴 글이었다. 할머니에게 편지를 전해주고 싶은 아이는 구름 비행기를 타고 하늘나라에 다녀오는 이야기를 썼다. 아이가 주인공이 되어 구름 비행기를 만든다. 그리워하는 마음을 가득 담은 편지를 가방에 고이 담아서 비행에 나선다. 한참을 날아서 할머니가 살고 있는 하늘나라에 도착한다. 그곳에서 환하게 웃고 있는 할머니를 만났다. 아이는 할머니가 잘 지내고 있을까 걱정했던 마음이 싹 사라진다. 엄마의 마음도 전해주고 난 후 집으로 돌아오는 이야기였다. 이런 글에는 상상력이 필요하다.

지금 느끼고 있는 감정에 집중한다. 그리운 마음이 들고, 보고 싶은 마음이 간절하다면 만나야만 해결되는 마음이다. 어떻게 만날 수 있을까. 하늘나라에 있는 할머니를 만날 수 있는 방법을 찾는다. 하늘에 떠 있는 구름으로 비행기를 만든다면 저 멀리 하늘나라를 찾아갈 수 있지 않을까. 이렇게 상상을 이어가 본다. 마음껏 상상할 수 있는 동화는 아이들이 좋아하는 장르이다.

다음 상황을 떠올리며 글을 쓴다면 한 문장씩 이어 나갈 수 있다. 아이들과 수업할 때는 한 단락을 덩어리 하나라고 말해준다. 상상도 한

덩어리로 한다.

　연상 게임을 자주 한다. 상상력을 키우는 데 도움이 된다. 한 가지에서 시작해서 다음으로 이어 나가는 힘도 길러 준다. 단어 연상 게임은 이렇다. 앞사람이 말한 단어를 생각하면 떠오르는 것을 말한다. 예를 들어보겠다. 첫 번째 사람이 '곰'이라고 말한다면 다음 사람은 곰에 연상되는 단어를 말한다. 두 번째 사람은 '꿀'이라고 말한다면 다음 사람은 꿀에 연상되는 낱말을 이야기한다. 세 번째 사람은 '노란색'이라고 말한다. 이렇게 연상되는 단어를 이야기하며 상상력을 키워준 후에는 문장으로 이야기하는 연습을 한다.

　문장으로 말하는 연상 퀴즈의 예를 들어보겠다. 주제가 학교이다. 학교와 연관된 문장이면 된다. 첫 번째 사람이 '학교에 간다.'라고 말한다. 두 번째 사람은 '교실로 들어간다.'라고 말한다. 세 번째 사람은 '책가방을 책상 위에 올린다.' 이렇게 앞서 말한 이의 문장 다음으로 연상되는 행동을 이야기한다. 이야기가 이어지듯 글을 쓸 때도 다음 문장이 이어질 수 있다.

　에세이나 자기계발서에서도 상상력이 필요하다. 에세이를 쓸 때였다. 지난날을 떠올린다. 나의 현재는 과거와 이어지기 때문이다. 지금 겪고 있는 일이 지금만의 문제는 아니기 때문이다. 예전에 어떤 일이 있었는지 쓰기 위해 과거를 떠올려야 한다. 기억이 흐릿할 경우가 많다. 그렇다고 지난날 있었던 일을 상상해서 만들어내라는 것은 아니다. 여기서 말하는 상상력은 글이 이어지게끔 다음 문장을 떠올리는 능력이다. 기억이 잘 나지 않는 과거를 자세하게 쓸 수는 없다. 그렇다면 분량을 채우기가 힘들다.

에세이는 내가 겪었던 이야기를 쓰는 것이다. 경험이 들어가야 한다. 읽는 사람에게 나의 지난날과 일상을 들려주어야 한다. 독자에게 전해줄 메시지는 일상에서 나온다. 내 이야기를 전해주지 못한다면 공감받기 어렵다. 에세이를 읽는 이유는 작가의 삶에서 나의 삶을 비춰보기 위함이다. 일정 분량으로 작가의 삶을 전해주어야 한다. 과거가 잘 떠오르지 않고 흐릿하게만 느껴진다면 다른 방향으로 노력해야 한다. 분명하게 전할 수 있는 현재의 삶을 건넨다. 지금 가지고 있는 가치관과 생각들을 독자에게 들려주어야 한다. 과거만큼 중요한 것이 현재이기 때문이다.

책을 쓰기 위해서는 일정 분량이 채워져야 한다. 독자는 기대한다. 책을 읽으며 공감할 수 있는 만큼의 글이 쓰여 있기를 바란다. 글을 쓰는 사람은 읽을 만큼의 글을 쓸 의무가 있는 것이다. 초보 작가에게는 쉽지 않다. 어렵다고 덮어두고 글의 분량을 줄일 수는 없다. 그렇다고 필요하지 않은 글을 써서도 안 된다. 엉뚱한 문장은 주제를 흐릴 뿐이다. 한목소리로 이어 나가는 문장만이 필요하다.

분량은 독자와의 약속이며 작가 자신과의 약속이다. 한 문장 뒤에 올 문장을 쓰기 위해 상상을 하자. 독자가 무엇을 원하는지. 어떤 이야기를 들을 때 힘이 나는지 떠올려야 한다. 글을 쓴다는 것은 독자를 응원하는 것이다. 격려하는 마음으로 써나가자. 내 글을 읽고 있을 독자의 마음이 움직이고 있는가. 공감하고 있는가. 나는 어떤 말을 더해 주어야 하는가. 떠올려 보라. 그리고 써라. 마음을 담아 쓰다 보면 분량은 채워지고 독자의 마음도 채워줄 수 있을 것이다.

 분량을 채우는 과정은 대추가 익어가는 시간과 같다. 장석주 시인의 「대추 한 알」에서는 영글어가는 대추 한 알의 과정을 시로 노래한다. 저게 저절로 붉어질 리 없다며, 그 안에 무서리 내리는 몇 밤과 땡볕 두어 달과 초승달 몇 날이 들어있다고 한다. 작은 대추 한 알이지만 견디며 보낸 시간이 꽉꽉 채워져 있다는 것이다. 그 시간을 다 채우지 못한 채 떨어졌다면 붉게 익을 수 없다. 약속된 시간을 다 채워야만 영글게 된다. 분량도 정해진 만큼 채워야 한다. 독자의 마음이 공감으로 물들기 위해서는 빈 화면을 채워가는 나날들이 있어야 한다. 장석주 시인은 자신을 문장 노동가라고 소개했다. 글 쓰는 이는 여백과 독자의 마음을 문장으로 채워야 한다. 글을 쓰며 보낸 시간이 분량으로 채워지는 순간, 독자의 마음은 감동으로 메워진다.

# 나는 글로 요리한다

글쓰기를 하다 보면 장애물이 나온다. 바로 분량 채우기다. 한 권의 책을 만들려면 40개 꼭지의 글이 필요하다. 한 꼭지의 분량은 A4용지 1.5~2매, 원고지로 치면 12~15장 분량이 되는 꽤 많은 양이다. 책 읽을 땐 많은 줄 몰랐던 분량이, 쓰려고 보니 어마어마한 수치로 느껴질 수 있다. 써야 할 분량이 많다고 뒷걸음치지 말자.

분량 채우기가 힘든 이유는 글의 구성에 대해 모르고, SNS로 인해 긴 글을 쓸 일이 줄었기 때문이다. 글의 구조를 잘 짜야 한다. 글의 주제와 목적에 따라 서론, 본론, 결론을 쓴다. 글의 내용을 구체적으로 나타내면 좋다. 수치나 표현, 예시, 경험 등을 활용해서 보이듯이 묘사하면 글 풍성해진다. 요즘은 편지를 주고받는 일이 드물다. 좀 더 짧고 빠른 의사소통을 위해 줄임말을 사용한다. 무슨 뜻인지 전혀 이해할 수 없는 신조어도 문제가 된다. 이런 이유로 단번에 많은 분량을 써내는 건 무리다.

나도 분량 채우기가 어려웠던 경험이 있다. 구상하고 쓰다가도 마음에 안 들거나 문맥에 맞지 않아 지우고 다른 문장을 쓰다 보면 분량이 부족하다. 어떻게 해서든 분량을 채우려고 안간힘을 쓴다. 머리를 쥐어짜서 쭈글쭈글해질 정도다. 이 얘기 저 얘기 다 끌어와서 분량을 채운다고 해결되지 않는다. 오히려 주제를 흐릴 수 있다. 주제를 정한 후 연결되는 문장이나 단어를 모두 메모한다. 마치 낙서하듯이 써도 상관없다. 주제만 생각하며 적는다.

문장을 쓰고 문단을 만들면서 구성을 만들어 나간다. 글 쓰는 게 막막하고 어떻게 분량을 채워나갈지 궁금한 사람에게 권하고 싶은 방법이 있다.

나는 평소 요리를 즐겨한다. 글 쓰는 것은 요리하기와 비슷하다. 요리의 순서는 메뉴 고르기, 재료 준비하기, 재료 다듬기, 요리하기, 대접하기다.

요리에 관심이 없거나 경험이 많지 않으면 요리하기가 두려울 것이다. 어떻게 만드는지, 얼마만큼 넣어야 하는지. 만들고 나면 맛이 없을 것 같은 걱정이 든다. 두려운 마음이 드는 것은 요리를 잘하고 싶다는 욕심에서 시작된다. 글쓰기도 마찬가지다. 글을 많이 써보지 않은 사람은 어떤 평가를 받을지 겁부터 난다. 어떻게 시작해야 하는지 어떤 방식으로 써야 하는지 모른다. 요리나 글쓰기나 완성된 후 사람들의 반응에 대해 민감할 것이다. 이 마음도 잘 쓰기 위한 욕심에서 비롯된 것이다. 욕심을 내려놓고, 요리하듯 글을 쓴다면 자신감이 생길 것이다.


첫째, 메뉴 정하기

먹을 대상을 정하고 메뉴를 정한다. 매운 걸 못 먹는 아이, 육류나 해

산물 선택, 조리 방법 등을 생각한다. 재료를 씻고, 썰고, 절인다. 삶고 볶고 튀기는 등 다양한 방법으로 조리할 수 있다. 글쓰기에선 자기계발 서인지 에세이인지 선택한다. 어떤 주제로 누구를 위해, 어떻게 써야 하는지를 명확하게 정한다. 주제에 해당하는 경험을 수시로 메모한다.

둘째, 식재료 준비하기

요리하려면 식재료가 준비되어야 한다. 신선한 재료를 구해야 본연의 맛을 낼 수 있다. 장 본 재료들을 다듬는다. 흙을 털고 껍질을 벗기고 깨끗이 씻어 적당하게 썬다.

글쓰기 재료는 무엇일까? 쓰고 싶은 글감이다. 수많은 재료처럼 글감도 우리 주변에 엄청 많다. 평소 경험한 것들을 메모해 놓으면 좋다. 떠오르는 대로 적는다.

독자에게 줄 수 있는 메시지, 작은 것까지 적어 놓는다.

셋째, 나만의 레시피로 요리하기

요리 순서를 생각한다. 재료마다 익는 시간이 다르기에 조리 시간을 계산해야 한다. 요리사는 각자의 특별한 레시피가 있다. 양념을 조절하고 맛을 수정한다. 불 조절과 시간 조절, 양 조절만 잘한다면 기본 이상의 맛이 나온다.

글쓰기도 조리 시간이 있다. 무조건 빨리 쓰는 글은 위험하다. 급하게 쓴 것은 덜 익는다. 글도 육수처럼 우려내야 하는 시간이 필요하고 뜸도 들여야 한다. 중간에 맛보면서 간을 맞추는 퇴고하는 과정이 있다. 목표한 맛을 내기 위해 양념 조절을 하는 것처럼 불필요한 글은 잘라내야 한다.

글의 순서를 나열해보고 어떤 구성으로 쓸지 생각한다. 템플릿을 사용하면 좀 더 쉽게 쓸 수 있다. 퇴고 과정도 중요하다. 제대로 퇴고한 글은 독자가 알아본다. 정성들여 요리한 음식이 더 맛있는 것처럼 말이다.


넷째, 완성하기

요리가 완성되면 그릇이나 접시에 담아준다. 음식의 모양과 색깔이 잘 드러나도록 배치하고 식욕이 돋게 장식해준다. 음식을 담을 그릇과 젓가락, 숟가락 등의 식기도 신경 쓴다. 글쓰기도 비슷하다. 완성된 글이 책이 된다. 표지를 디자인하고 책이 출간된다.


다섯 번째, 평가하기

요리사는 손님들에게 평가받는 순간이 떨릴 것이다. 성의 없는 평가는 상처를 준다. 맛이 짜다, 싱겁다에 속상할 수 있다. 어떤 부분이 맛있고 부족한 부분을 정확히 평가해 주길 바란다.

작가도 마찬가지이다. 독자의 반응이 궁금하고 떨린다. 긍정적인 평가는 힘이 되고 부정적인 평가는 약이 될 것이다.


분량 채우기는 요리하는 과정이다. 요리하듯 글을 쓰면 분량을 늘이기 수월하고 글 구성도 순서 있게 짤 수 있다. 어느새 꽉꽉 채워진 글이 나온다. 잡채, 김밥, 비빔밥, 갈비찜 등과 같은 맛있는 글이 나온다.

　분량을 채우기 위해서 무조건 길게만 쓰면 안 된다. 요리처럼 순서에 맞춰 써야 한다. A4 1.5~2매의 분량을 쓰기 위해선 전체적인 글이 잘 어우러져야 한다. 요리에서 한 가지의 식재료 맛만 난다면 제대로 요리한 음식이 아니다. 맛있고 영양가 있는 요리처럼 글도, 내용도 좋아야겠지만 분량도 그에 못지않게 중요하다는 것을 잊지 말자. 독자에게 영양가 있고, 보기도 좋은 요리 같은 글을 풍성하게 대접하자.

# 쉽게 분량을 채우려면

　글을 쓴다는 것은 무언가 새로운 것을 만드는 일입니다. 하지만 누구나 알고 있듯이 하늘 아래 새로운 것은 없습니다. 없던 것을 만드는 것 중 하나가 글쓰기인데 새롭다고 할 게 없다고 합니다. 그럼에도 작가는 지금까지는 없었던 것을 만들어야 합니다. 백지 위에 깜박이는 커서를 마주하면 공포감을 느낍니다. 무얼로 이 넓은 바탕을 채워야 하나라는 부담감을 가질 수밖에 없습니다. 특히 책을 쓰고자 하는 사람은 더욱 그렇습니다. 책 한 권을 만들려면 A4용지 100매에 가까운 분량을 써야 합니다. 언제 그걸 다 채울까 하는 마음이 먼저 듭니다.

　처음 글을 쓸 때는 부지런히 메모하며 채우려 했습니다. 나만의 에피소드도 찾고 상황 설명도 최대한 자세히 했습니다. 그런 노력에도 불구하고 분량이 턱없이 부족할 때가 많았습니다. 책을 쓰기 위해서는 꼭지마다 A4용지 1.5매 이상을 채워야 합니다. 나름 쓸 만큼 썼다고 생각하는데도 모자랍니다. 가끔은 1.5매가 다 채워졌는지 확인해 보려고 두 번째 페이지 중 남은 여백에 자를 대고 재보기도 합니다. 남아있는 하얀 부분이 넓어 보이는 순간 느끼게 되는 좌절감도 만만치 않습니

다. '무얼로 다음을 채워야 하지? 나는 더 이상 할 말이 없는데.'

학생들에게 책 읽기를 지도했습니다. 독서가 끝나면 마지막으로 하는 일이 독후감 쓰기입니다. 독후감을 쓸 수 있도록 아이들에게 먼저 줄거리를 말해보게 했죠. 줄거리를 얘기하고 나면 머릿속에 전체 내용이 정리됩니다. 학생들은 줄거리 정리가 독후감 쓰기에 많은 도움이 된다고 했습니다. 줄거리를 적은 후 감상을 적어보라고 하면 아이들 눈동자가 흔들립니다. '뭘 써야 하는 거지?' 하는 표정입니다. 처음에는 "이 책을 읽은 네 느낌이 어떤데?" 하고 물어보았습니다. "그냥, 좋아요." 혹은 "재미있어요." 그걸로 끝이었죠. 한 문장 쓰고 나면 쓸 말이 없다고 했습니다.

아이들이 독후감을 쉽게 작성하게 하려면 무언가 필요한 듯했습니다. 독후감을 작성하는 시간에는 특별히 독후활동에 필요한 PPT를 만들었습니다. 『불량한 자전거 여행』이라는 책을 읽은 후 독후 활동하는 시간이었습니다. 질문지를 몇 장 만들었습니다.

신호진이 자전거 여행을 했던 것처럼 나도 꼭 해보고 싶은 것은?

이번 방학 중에 '이것만은 꼭 해보고 싶다' 하는 것은?

이 책을 통해 배웠거나 얻은 점은?

기억에 남는 장면은? 그 이유는?

등장 인물에게 편지를 쓴다면 누구에게 쓰고 싶은가?

무슨 내용으로 쓰고 싶은가?

누구에게 이 책을 추천하고 싶은가?

추천하고 싶은 이유는?

이렇게 만든 PPT를 보여 주었더니 아이들이 독후감 쓰기를 어려워하지 않았습니다. 독후감도 이전보다 길어졌습니다.

글의 분량을 채워야 한다고 생각하며 떠올랐던 것이 아이들의 독후감 쓰기였습니다. 질문에 답을 하다 보면 저절로 독후감이 채워지듯 글쓰기도 그런 뭔가가 필요하다는 생각이 들었습니다. 글쓰기 수업을 듣다가 PREP 구조에 대해 들었습니다. 템플릿이라고 했습니다. PPT 디자인을 하거나 블로그 작성할 때 템플릿이 있다는 얘기는 들어보았는데 '글쓰기에도 템플릿이 있다니.' 하는 생각이 들었습니다. PREP 구조는 고대 그리스 시대부터 내려오던 글쓰기나 말하기에 쉽게 적용할 수 있는 방법입니다. P는 point. 즉 전하고자 하는 핵심 메시지. R은 reason. 핵심 메시지를 주장하는 이유. E는 example. 주장하는 내용에 관한 사례. P는 다시 point. 앞에서 주장했던 내용을 다시 강조하며 글을 맺는 방식입니다. 내가 쓰려는 글을 이 템플릿에 맞춰 써보니 내용도 탄탄해지면서 분량을 채우기도 쉬웠습니다.

이런 템플릿이 더 있지 않을까 하는 생각이 들었습니다. 글쓰기 템플릿에 관한 전자책이 있었습니다. 『글쓰기 템플릿 21』입니다. 그 책을 참고하니 내가 쓰려는 글의 내용을 템플릿에 넣으면 틀이 잡히기도 하고 분량도 채워졌습니다. 템플릿에 넣는다는 얘기는 글의 내용을 쪼갠다는 의미이기도 합니다. '핵심 메시지. 이유, 근거. 사례. 또다시 메시지'와 같은 방식입니다. 내가 쓰고자 하는 글의 성격에 따라 템플릿을 골라 쓰면 분량 채우기도 쉬워집니다.

그래도 모자라는 경우가 있죠. 이때에는 나의 경험을 덧붙입니다. 내 경험을 넣으면 누구도 흉내 낼 수 없는 나만의 글이 되거든요. 여기까지 했는데도 분량이 모자라나요? 이때는 비슷한 사례가 있는지 포털에 검색해서 보면 됩니다. 나의 경험과 사례를 적을 때는 세 개 정도로 쓰는 것이 좋습니다. 사례는 많은데 내 글의 분량이 모자라 더 채워야 하는 경우라면 다섯 가지도 좋아요. 하지만 세 가지가 좋다는 걸 유념하면 좋겠습니다.

저의 책 『사교육 없이도 잘만 큽니다』에서 '공동육아' 부분을 예로 들어보겠습니다. 공동육아가 좋다는 건 대부분 압니다. 특히 코로나 기간에는 단체로 뭔가를 할 수 없는 상황이었습니다. 엄마들이 육아에 어려움을 많이 겪었죠. 공동육아가 더욱 필요한 시기였습니다. 꼭 공동육아에 대해 알려 주고 싶었습니다. 저의 사례만으로는 부족했습니다. 포털에 공동육아에 관해 검색해 보았습니다. 공동육아를 하는 곳이 많았습니다. 가정집이 아닌 곳도 많았어요. 물품이나 장소를 대여해 주는 기관도 생각보다 많았고요. 그런 사례를 가져오니 별 어려움 없이 분량을 채울 수 있었습니다.

책 한 꼭지로 정해진 분량인 A4용지 1.5매를 채우는 방법을 알아보았습니다. 글을 쪼개어 부분마다 분량을 채웁니다. 이때 템플릿을 활용하면 도움이 됩니다. 두 번째로 자신만의 경험을 곁들여 씁니다. 그래도 모자란다면 사례를 검색해서 채웁니다. 경험과 사례는 세 가지 정도로 채웁니다. 사례와 나의 경험을 함께 쓴다면 분량이 모자라 걱정하지는 않겠죠?

# 넘치지 않게 꼭꼭 채우기

글 한 편을 쓰는 것은 도시락을 싸는 것과 비슷합니다. 초등학교 3학년으로 돌아가 봅시다. 내일은 소풍 가는 날입니다. 눈을 감고 엄마가 싸 주실 도시락을 그려 봅니다. 분명히 평소보다 맛있는 음식으로 예쁘게 싸 주실 것입니다. 엄마가 어떤 도시락을 싸주실까 기대합니다. 이렇게 설레는 마음으로 글 도시락을 한번 만들어 봅시다. 도시락 글 한 꼭지를 어떻게 채우면 좋을까요?

글 한 편은 보통 A4용지 한 장 반 정도의 분량입니다. 넘쳐도, 모자라도 책으로 만들기 어렵다고 합니다. 도시락 하나가 한 명이 먹기에 적당한 양인 것처럼 말입니다. 한 끼 식사량과 비유될 수 있는 한 장 반의 글이 40개 이상 모이면 한 권의 책이 됩니다. 먼저 쓰고자 하는 글에 따라 도시락을 몇 칸으로 나눌지 정합니다. 반찬을 몇 가지 넣을지에 따라 도시락 공간을 나누게 됩니다. 칸은 세 개에서 다섯 개 정도가 적당합니다. 밥을 주제라고 가정합시다. 도시락이 밥을 먹기 위한 것이듯, 글도 주제를 전하기 위해 쓰는 것이니까요. 사람들은 반찬이 맛이 있어야 밥을 잘 먹었다고 하지요. 글 반찬도 주제를 더 맛깔나게 해줍니다. 불고기나 멸치처럼, 한 끼의 식사에 꼭 들어가야 할 단백질을 챙깁니다. 김치나 채소, 장조림 등 영양의 균형도 고려합니다. 글에서도 공감, 이유, 설명, 예시, 견해 등의 다양한 반찬이 필요합니다. 모두 주제를 잘 소화하고 보충할 수 있는 내용이 되겠지요. 마지막 한 칸에 디저트도 넣어주면 더 좋겠지요. 여기서 디저트는 글 전체를 다시묶어 주는 결론이라고 합시다.

첫 번째에 담는 **단백질 영양 반찬을 예화로 생각해 봅니다.** 주제와 내용이 일치하는 예화를 2~3가지 찾아서 써 봅니다. 서론을 뒷받침하기 위해 경험이나 실례를 들어서 설명하는 방법입니다. 대단한 경험이 아니어도 괜찮습니다. 주제에 맞는 작은 일이면 충분합니다. 주제가 다이어트에 관한 내용이라면, 어떻게 해서 간헐적 단식에 성공했는지를 써도됩니다. 미라클 모닝에 관한 주제라면, 결심대로 아침 5시에 일어난 일이 좋은 실천 경험이겠지요. 성공한 일뿐 아니라, 실패한 경험을 써도좋습니다. 실패한 일은 쓰는 사람과 읽는 사람 간의 유대감을 더욱 좋게 하기도 합니다. 실패한 경험이 있는 독자에게는 위로가 되기도 하고요. 다시 용기를 내게 할 수도 있지요. 또한 독자는 무의식적으로 나약한 작가를 응원해 주게 됩니다. 주제와 관련된 다른 사람의 에피소드도괜찮습니다. 이렇게 한 가지 주제에 두세 가지 내용의 예화를 보충하게되면 글이 풍성해집니다. 예화의 내용은 초등학교 저학년도 이해할 수있을 정도로 쉽게 씁니다. 어려운 내용이나 긴 문장을 독자가 읽으려면부담부터 갖게 됩니다. 문장은 최대한 짧고 간단하게 써야 합니다. 머리를 쓰지 않고 눈으로만 읽어도 이해가 갈 정도여야 합니다. 특히, 한 문장 안에 여러 가지의 내용이 들어가지 않도록 조심해야 합니다. 개별 문장은 짧아도, 스토리 내용은 자세하고 풍부할수록 좋습니다.

두 번째 반찬으로는, **주제에 대한 설명이나 자료**를 덧붙여 내용의 깊이를 더할 수 있습니다.

독자는 글을 읽다가 질문이 생겨도 바로 물어볼 수 없습니다. 더 정확한 정보, 더 상세한 내용을 전하는 것이 독자에 대한 작가의 정성이고 예의입니다. 지금은 작가에게 편리한 시대입니다. 궁금한 것은 '무엇이든 물어보세요'의 세상이 되었습니다. AI 기기는 365일 24시간 쉬지 않고 우리의 질문이 떨어지길 기다리고 있습니다. 무엇이든 궁금한 것이 있으면, 글을 쓰다가 컴퓨터에 물어도 되고, 길을 가다가 스마트폰에 물어보아도 됩니다. 유튜브나 뉴스 등을 통해서도 언제 어디서나 우리가 찾는 정보의 답을 얻을 수 있습니다. 주제와 관련되고, 독자에게 유익한 전문적인 내용을 찾아 넣도록 합니다. 정보가 많을수록, 글의 내용에도 깊이를 주고, 분량도 더 풍부하게 됩니다. 주제와 관련된 자료는 물론, 독자가 궁금하게 생각할 수 있는 중요한 단어의 정확한 뜻도 알려 줄 수 있습니다. 수치가 있는 정확한 자료를 찾아서 넣을 수도 있습니다. 주제에 맞는 일을 실천하는 방법 등의 리스트를 넣어 독자를 편하게 해주어도 좋습니다. 적당한 양의 데이터와 정보는 글의 신뢰성을 높여주기도 합니다. 글 중간중간에 작가가 전하려는 주제가 되는 문장도 반복해서 슬쩍 넣어줍니다. 그러면 은연중에 작가의 의도를 더 명확하게 전달할 수도 있게 됩니다. 반찬의 가짓수가 많다고 좋은 도시락이 아닙니다. 꼭 필요한 영양소만, 이해를 도울 수 있는 자료만을 챙겨 넣어 신뢰를 높입니다.

세 번째로는 **자세한 표현**을 챙겨서 넣습니다. 엄마의 도시락은 특별합니다. 도시락 안에 담긴 정성과 사랑이 보이고 느껴지기 때문입니다. 글에서는 독자를 위한 작가의 정성이 자세한 표현으로 나타납니다. 작가는, 독자가 자신이 말하려는 내용을 전혀 볼 수 없는 자리에 있다는 걸 염두에 두어야 합니다. 글을 쓰는 사람은 독자가 이해할 수 있도록, 중요한 것을 세밀하게 묘사해 보여줄 의무가 있습니다. 본문에 '봄'이라고 하는 단어만 들어가도 독자는 계절이 '봄'이라는 것을 알게 됩니다. 하지만 나무에서 싹이 움트는 모습, 공기가 몸에 닿는 감촉, 지나가는 사람의 차림새 등 작가가 보고 느낀 걸 글로 그려서 보여 주어야 합니다. 독자도 감각으로 함께 봄을 느낄 수 있도록. 또한 작가는 항상 오감의 촉을 세워 자세하게 표현하여 글에 생기를 불어넣기도 합니다. '고추장이 맛있었다.'보다는 '반들반들 윤기 나는 빨간 고추장 색깔이 옛날 엄마가 직접 담그셨던 찹쌀고추장 빛깔 그대로다.'라고 길게 표현해 줄 수 있습니다. '방이 추웠다.'보다는 '어젯밤 윗목에 떠 놓고 잔 대접의 물이 꽁꽁 얼어붙었다.'라고 하는 말이 조금 더 풍부합니다. 주변의 풍경이나 꼭 필요한 정보 등을 되도록 자세히 설명하는 방법으로 씁시다. 작가가 표현하고 싶어 하는 상황에 대한 독자의 이해도가 높아지는 것은 당연합니다.

작은 도시락 하나에는 어머니의 '자식에 대한 사랑, 정성, 소망'이 모두 담깁니다. 글 한 편에도 독자를 향한 작가의 진심이 가득 담기게 됩니다. 꼭꼭. 그러나 넘치지 않게, 칸칸이 해주고 싶은 말이 담깁니다. 이런 도시락 모양의 글쓰기 형식을 사람들은 '템플릿'이라고 부릅니다. 템플릿은 글의 기본 형식이나 틀이 되어 주는 그릇입니다. 이제 알맞은 템플릿을 구상하여 예쁜 글 도시락 하나 써 보실까요? 기억하세요. A4 용지 1.5매 사이즈의 도시락입니다.

"글 쓰는 삶을 응원합니다!"

# 살아있는 책

2023년 7월, 서점에서 신간을 보자마자 "헉!" 소리가 나왔다. 문화심리학자 김정운 교수의 신작 『창조적 시선』이다. 1,028쪽. 김주환 교수의 763쪽 『내면 소통』은 고민 끝에 읽었다. 성공학의 거장 나폴레온 힐의 『나폴레온 힐 성공의 법칙』은 916쪽이다. 책 한 권 두께가 이른바 벽돌처럼 두껍다고 하여 '벽돌 책'이다. 두세 권의 책을 합본하여 재출간되는 책도 있다. 자수성가한 청년 자청의 『역행자(확장판)』나 스노우폭스 대표 김승호 회장의 『돈의 속성』의 경우 증쇄하면서 내용이 추가되었다. 200쪽 분량이라도 책 한 권을 만들기 위해서는 일정 분량의 글이 필요하다. 글을 쓰려고 마음먹고 시작하더라도, 분량 채우기라는 문제에 부딪혀 포기하는 사람이 많다. 대부분 핵심만 요약하려는 습관이 있어서다. 교사가 학생들에게 지식을 전달한다고 가정해 보자. 요점만 정리해서 말하고 외우라고 하면, 학생들이 잘 이해할 수 있을까? 그렇지 않다. 설명을 통해 이해시켜야 한다. 글도 마찬가지다. 작가가 독자에게 전하고 싶은 메시지가 있다고, 요점만 쓰면 독자의 공감을 얻기 어렵다. 독자 공감을 얻을 수 있는 분량을 채울 수 있는 세 가지 방법을 소개한다.

첫째, 체험학습하듯 보여 주는 글로 분량을 채울 수 있다. 살아있는 경험을 위해 학교에서는 현장으로 이동하여 체험학습 수업을 진행한다. 사례를 들고, 체험학습하듯이 보여 주고, 들려주고, 냄새를 맡아보고, 맛보게 하고, 촉감을 느끼게 하는 과정이다. 독자에게도 글로 간접 체험할 수 있도록 뇌를 자극할 수 있어야 한다. 글을 쓰는 작가의 경험을 오감으로 보여 주면서, 독자가 상상할 수 있게 하는 것이다. 미셸 자우너의 『H 마트에서 울다』을 읽은 적이 있다. 미국 LA에서 일 년간 머물렀을 때, H 마트에 종종 들렀던 기억을 떠올리게 했다. 오랜만에 옛날 사진을 찾아보기도 했다. 저자는 탕수육은 '반들반들하고 새콤달콤한 오렌지빛 소스에 버무린 돼지고기 튀김'으로, 만두는 '두툼한 피에 돼지고기와 당면을 꽉 채워 만든 큼지막한 찐만두'로 묘사했다. 입에 침이 고였다. 산책하며 오디오북으로 듣기 시작하다가, 십 분도 되지 않아 마음을 바꿨다. 종이책을 샀다. 처음부터 다시 읽었음에도 여전히 군침이 돌았다. 식당에 합석하고 있는 듯했다. 엄마 이야기를 읽을 때, 네 번이나 눈물, 콧물이 났다. 지난해 10월, 영안실에서 만난 엄마의 차가운 피부를 만졌을 때의 촉감이 떠오를 정도였다.

둘째, 검색과 필터링을 통해 분량을 채울 수 있다. 2016년 알파고에 이어, 2023년 Chat GPT로 인공지능이 우리에게 가까워졌다. 구글 바드(bard), 마이크로소프트 빙(bing)까지 트렌드에 맞춰 인공지능 채팅

기능을 선보이고 있다. 정신분석학자 지그문트 프로이트는 의식과 무의식의 관계를 빙산(ice berg) 모델에 비유한다. 즉, 수면 위에 보이는 빙산은 일상적으로 경험하고 인지하는 의식이고, 수면 아래에 숨어있는 부분이 의식 밖으로 우리가 자각하지 못하는 생각, 감정, 기억, 욕구, 충동 등이 포함된 무의식이다. 수면 위 의식보다, 수면 아래의 무의식이 더 크고 깊다. 지금 당장 글을 쓰는 시점에는 우리는 수면 위 의식 부분만 알아챈다. 수면 아래에 숨어있는 무의식을 의식으로 바꾸기 위해 Chat GPT를 활용해 보자. 예를 들어, Chat GPT 창에 "글을 쓰려고 하는데, 분량 채우는 방법을 구체적으로 알려 줘."라고 입력한다. Chat GPT는 '주제 확장, 예시와 이야기, 비교와 대조, 전문 지식 추가, 반복과 강조, 연결 및 관련성, 통계 및 데이터, 의견 표명과 논쟁, 배경 설명, 확장된 예시' 10가지 방법을 제시했다. 지금까지는 오류도 발견되고, 검증이 필요한 단계이므로 그대로 쓸 수는 없다. 대신, 우리의 무의식을 깨워주는 아이디어만 챙긴다. 사람이 쉽게 이해할 수 있는 단어로 자기 경험을 연결하여 바꾸는 과정이 꼭 필요하다.

'예시와 이야기' 방법은 분량 채우기 첫 번째로 제시한 '체험학습하듯 보여 주는 글'을 쓰는 사례로 연결해 본다. '통계 및 데이터'와 '전문 지식 추가'는 두 번째로 제시한 '검색과 필터링'을 통해 분량을 채우는 방법으로 활용하면 된다. 스노우폭스북스 출판사는 질문을 기획하고, Chat GPT를 통해 나온 답을 정리하여 인공지능이 쓴 자기계발서 『삶의 목적을 찾는 45가지 방법』을 2023년 2월 출시했다. 단 7일 만에 출간된 책인 만큼 언론사의 관심을 받았으나, 독자들에겐 관심이 덜한 듯 보였다. 왜냐하면, 6개월이 지난 2023년 8월경 교보문고 매장에 쌓여 있는 책을 펼쳐보니, 1쇄였지만, 바로 옆에 있는 2023년 4월 출간된 김승호 회장『사장학개론』은 37쇄였기 때문이다. 같은 출판사에서 출간된 책들이었다. 인공지능(AI)이 제시하는 글은 인간이 사서 읽고 싶은 글이 아니다. 인간미 넘치는 진짜 경험을 녹여야 한다. 검색과 필터링을 통해 키워드를 도움을 받되, 당신 스스로가 인공지능처럼 행동해야 한다. 즉, 당신 안의 무의식을 깨워 그 경험을 분량으로 채우는 것이다. 매일 당신의 무의식을 하나씩 깨워 블로그나 SNS에 기록하고, 공유하길 바란다. Chat GPT가 제시하는 결과보다, 자기 경험이 담긴 SNS 기록에서 검색과 필터링을 적용하면 더 가치 있는 자료를 얻을 수 있다.

셋째, 산책을 통해 분량을 채울 수 있다. 자기계발서, 경제경영서, 철학서 등 많은 책에서 '산책'의 중요성을 이야기한다. 다시 말해서, 사색하는 시간을 갖고, 메모하면 된다. 빈 종이 또는 모니터 화면만 보고 있다고 해서 글감이 떠오르지 않는다. 과감하게 덮고, 운동화를 신어 보자. 수첩 하나, 펜 하나를 뒷주머니에 꽂고 집을 나선다. 집 앞이든 공원이든 어디든 좋다. 대신, 앞으로 써야 할 키워드를 머릿속에 집어 넣고 나간다. 주변을 관찰하면서 그냥 걷는다. 귀에 이어폰을 꽂고, 전자책을 듣는 방법도 괜찮다. 외부 자극으로 뇌를 움직이는 방법이다. 보이는 게 달라지면, 뇌는 스스로 움직인다. 서점이나 도서관에 들러서 책 제목과 목차를 훑어봐도 효과가 있다. 살아있는 글을 보려면, SNS 이웃 산책도 좋다. 다른 사람이 쓴 글을 보고, 요즘 이슈가 무엇인지 살피고, 지금 써야 할 글에 자신만의 생각을 연결한다. 주제와 연결하여 3% 다르게 쓰면, 독자적인 의견과 해석으로 분량을 쉽게 채울 수 있다.

당신 안에 잠들어 있는 생각은 초고에서 그대로 분량에 맞춰서 쏟아낸다. 퇴고하면서 조절한다. 단, 분량만 채우겠다는 목적으로 억지로 양만 늘려서는 안 된다. 독자의 시간을 아껴주길 바란다. 퇴고할 때는 불필요한 단어, 중복되는 단어, 구절 몽땅 지워야 한다. 글을 엮어 책을 만들기 위해서는, 주제에 맞는 목차 기획이 우선이다. 목차를 기획했다면, 전하고 싶은 메시지나 관련 에피소드를 목차 옆에 하나씩 적는다. 중복 없는 분량 채우기가 가능하다. 한 꼭지마다 레벨업하는 느낌으로 쓴다. 아래 한글 10포인트 기준으로 A4용지 1.5매~2매 분량, 40개 정도면 책 한 권 정도 분량이 나온다.

줄리아 카메론의 『아티스트 웨이』에 '모닝 페이지' 쓰는 법이 소개되어 있다. 의식 흐름에 따라, 빈 종이에 글을 그대로 옮겨 적는 방법이다. 우리 뇌는 절대 쉬지 않는다. 의식하지 못하고 있을 뿐이다. 쓸 게 없는 게 아니다. 잠자고 있는 뇌를 깨우는 게 먼저다. '왜 안 써질까? 뭘 쓰지?'라는 생각마저 연필로 끄적끄적, 키보드에 손을 올리고 타닥타닥 키워드를 두들긴다. 모닝 페이지를 쓰기 시작하면, A4용지 3페이지, 4페이지도 거뜬히 채우는 자신을 발견할 수 있을 것이다. 당신의 살아 있는 책을 만나 볼 시간이다.

# 사례가 풍부하면 재산입니다

정성희

분량 채우기 참 어렵지요. 일반적으로 한 꼭지의 글을 쓰기 위해선 원고지 열두 장에서 열다섯 장 분량을 채워야 합니다. A4용지로는 1.5매에서 2매 정도에 해당하는 양입니다. 글쓰기 입문한 지 얼마 되지 않은 초보 작가라면 만만치 않은 작업입니다. 분량을 수월하게 채우는 방법은 어떤 게 있을까요. 누구에게나 충분한 이야깃거리는 숨어 있습니다. 게다가 인생 중, 후반기를 넘어선 사람이라면 풀어낼 이야기가 얼마나 많을까요. 인생을 50년 이상 살아온 분들이라면 켜켜이 쌓인 경험도 많을 것입니다. 실패했던 사례도 있을 거고, 잘된 일도 있을 겁니다. 그 이야기를 풀어내면 됩니다.

키워드 적은 노트를 보면서 떠오르는 생각을 나만의 이야기로 스토리텔링 합니다. 스토리가 탄탄하면 작가의 문장력이 다소 떨어진다 해도 크게 영향받지 않습니다. 스토리텔링의 위력입니다. 사는 동안 슬픈 일, 기쁜 일, 성공한 일, 실패한 일 등 이야깃거리가 많은 사람은 남보다 가진 것이 많은 사람입니다. 아프고 불편한 실패담을 단순한 구경거리로 삼아서는 안 되겠지만요. 나와 비슷한 상처가 있는 사람에게 용기를 주고 같이 일어나보자는 희망을 주는 글이면 충분합니다.

글 한 편에 사례 세 개 있으면, 분량 채우기 쉽습니다.

사례는 어떻게 가져올까요? 정해진 규칙은 없습니다. 무궁무진 널려진 사례를 각자 자유롭게 끌어오면 됩니다. 이렇게 시시한 것도 사례가 되나 싶은 예를 들어볼게요.

첫째, 일상에서 만난 경험담을 풀어내세요. 분량 채우는 방법으로 가장 편하게 활용할 수 있을 거예요.

| 예문 |
| --- |

저녁 먹고 동네 한 바퀴 도는 게 습관이다. 우체국 사거리에서 또 만났다. 휠체어에 탄 노모를 밀고 가는 아들의 모습이었다. 작년 겨울에 담요를 무릎에 덮고 지나가는 모습을 본 이후로 종종 눈에 띄었다. 지난번엔 뒤따라가다 아들 발걸음이 워낙 빨라 놓쳤다. 우연히 한 번도 아니고 자꾸 보이니 그 모자의 사연이 궁금해졌다. 다시 마주친 김에 이번엔 말을 붙여봐야겠다고 생각했다. 그러나 말 걸 틈이 없었다. 아들은 잰걸음으로 휠체어를 밀며 뭔가를 계속 떠들어댔다. 가까이 다가가 귀 기울여보니 "엄마, 있잖아, 노래 부르면 치매 안 걸린대. 그 노래 불러 봐 봐" 그러다 사거리가 나오니 고개를 엄마에게 들이밀며 "이쪽으로 갈까? 어디로 갈까? 아, 저쪽~" 아들도 저리 명랑하고 곰살맞을 수 있다는 게 신기했다. 얼마나 아픈지 몰라도 복 받은 엄마였다.

얼굴을 정면으로 보지 않아 나이는 가늠하기 어려웠지만, 다부진 체격이었다. 40대나 50대 초반으로 보인다. 저녁 8시경, 휠체어 모자는 어느 빌라 건물로 들어갔다. 7층짜리 건물을 올려다보았다. 가족은 몇 명일까? 며느리, 손주는 있을까? 혹시 둘만 사는 걸까? 궁금했다. 사실 가족이 몇 명이든 나이가 몇 살이든 무슨 상관인가. 발걸음을 머무르게 했던 이유는 그 어머니가 참으로 행복해 보였기 때문이다.

한 달 전쯤 블로그에 포스팅한 내용이 떠올랐다. 50대 딸이 병든 친엄마를 죽게 한 사건에 충격받아 쓴 내용이었다. 완곡하게 표현해서 죽게 한 것이지, 사실 제 손으로 때려서 죽인 거나 마찬가지인 사건이었다. 자식들끼리 서로 떠넘기다가 억지로 모신 자식은 불만이 많았던 것 같다. 어떤 변명으로도 부모 학대는 용납될 수 없다. 다시는 이런 일이 뉴스에 등장하지 않길 바란다. 휠체어 모자가 보여준 아름다운 모습 덕분에 기분이 밝아진 산책길이었다.

둘째, 책이나, 신문, 사전 등에서 도움을 받을 수 있습니다. 책을 읽으며 꽂히는 문장을 발견했다면 내 이야기와 연결해 봅니다. 우리 뇌는 기억의 연상작용이 있어서 신기하게 술술 풀리는 수가 있지요. 독서하다 생경한 단어가 나오면 반드시 사전을 찾아 뜻을 익히고 갑니다. 어휘력을 키우는 데 있어서 최고입니다.

저는 젊은 시절 책을 많이 읽지 않았습니다. 지금처럼 글쓰기에 관심 두고 살지도 않았었고요. 다만 그 시절에는 신문이 늘 가까이 있었지요. 80년대만 해도 신문을 보려면 한자가 많이 섞여 있었던 것 같아요. 모르는 한자가 나오면 단어 뜻을 파악할 수 없었죠. 옥편을 뒤적여 기어코 알아내야 속 시원했습니다. 국어대사전도 마찬가지입니다. 닳도록 사전을 끼고 살았습니다. 그 덕분에 신문을 펴면 대부분 술술 읽히는 쾌감을 맛보았지요. 지금은 시대가 좋아져서 그런 수고를 할 필요가 없습니다. 인터넷만 열면 알려 줍니다. 네이버 사전, 위키 백과사전, 구글 사전 등에서 아주 손쉽게 찾아볼 수 있으니 글쓰기가 얼마나 수월한가요.

셋째, 평소 메모해 둔 노트에서 가져옵니다. 꼭 종이 메모지가 아니어도 상관없어요. 블로그를 쓰고 있다면 그동안 포스팅해 둔 글에서 연관된 글이 있는지 찾아봅니다.

이렇듯 거창하지 않은 소재로도 충분히 글감이 됩니다. 주변에서 일어나는 별거 아닐 거 같은 이야기에 돋보기를 들이대 보세요. 새롭게 보이는 효과가 있을 거예요. 일상에서 마주치는 주변 사람의 행동이나 말투를 유심히 살핍니다. 계절마다 달라지는 풍경이나 사물의 모양을 관찰하며 재해석하는 습관은 주제를 선정하는 데 흥미를 더할 것입니다. 글쓰기 수업에서 "기적을 일상처럼 쓰는 작가가 있는가 하면, 일상을 기적처럼 쓰는 작가도 있다."라는 말이 신선하게 다가왔던 기억이 있습니다. 일상을 기적처럼 쓰는 작가가 되어야겠다고 다짐했습니다. 아침에 일어나 창밖을 보니 햇살 받으며 영글어 가는 감 하나가 보입니다. 비바람에 떨어지지 않고 잘 버티고 있는 저 감처럼, 나도 살아남아 오늘 또 기적을 맞이합니다.

일상에 감응하는 삶은 세상에 애착을 갖게 합니다. 스스로 찾아야 보입니다. 글재주를 타고나서 잘 쓰는 작가는 몇이나 될까요. 어제와 다를 거 없는 일상인데도 어떤 시선으로 바라보느냐에 따라 새로운 하루가 될 것입니다.

풍부한 글감을 위하여 첫째, 예민하게 촉을 세우고, 둘째, 각도를 달리해 낯설게 보고, 셋째, 애정을 담은 눈으로 집중해서 관찰해보시기를 권합니다. 하늘 아래 새로운 것은 없다고 하지만, 내 생각과 경험을 덧입히면 세상에 하나뿐인 새로운 글이 탄생합니다. 일상의 글쓰기는, 남은 인생 후반기를 행복하고 밀도 높은 시간을 보내기 위한 최상의 방법이 될 거라 확신합니다.

# 행복을 채우는 것

글쓰기 분량을 늘리는 방법은 글의 주제에 맞게 내가 겪어 온 경험을 글로 풀어내는 것입니다. 평소에 기분 좋았던 일, 슬펐던 일, 우울했던 일, 칭찬하고 싶었던 일 등을 메모하는 습관이 있으면 좋습니다. 걷거나 대화 중에 떠오른 생각 또는 꿈속의 기억을 짧게라도 메모합니다. 글을 쓸 때 메모를 보면, 고민하는 시간을 줄일 수 있습니다. 비슷한 주제의 메모를 모으기만 하면 글이 될 수 있습니다. 글의 분량을 채우는 세 가지 방법을 소개합니다.

첫째, 우선 독서와 짧은 글이라도 써보라고 권하고 싶어요. 왜냐하면 독서와 글쓰기를 하면 회사 생활을 더 유익하고 재미있게 할 수 있기 때문입니다. 직장인들은 회사에서 많은 시간을 보내고 있습니다. 일하다가도 독서와 글 쓰는 걸 생각하면 일이 재미있습니다. 지치고 힘들던 회사 생활에서도 배울 수 있다고 생각하니 웃을 수 있습니다. 회사 직원들은 저를 보면 살짝 미쳤다고 말하기도 합니다. 하지만 진짜로 미쳤습니다. 어느 때보다 행복하니까요. 뭐라고 표현할 수가 없습니다. 요즘은 꿈도 생겼어요. 작가가 되기로 했거든요. 매일 책을 읽고, 끄적끄적 낙서하고 있어요. 한 줄 이라도 쓰고 싶어집니다. 제가 글쓰기를 할 거라곤 생각해 본 적이 없었습니다. 반복하고 버티면서 배우다 보니 여기까지 온 거 같아요. 내가 나를 올가미에 가두어 놓고 있다는 것을 알게 되었습니다. 참 무서운 일이죠. 신랑과 아이들에게 얼마나 힘이 들었을까 생각하니 꽤 미안했습니다. 고통이 나를 성장하게 했다는 사실을 알게 되었습니다. 고통이 없었다면 여기까지 올 수 없었을 겁니다. 늦을 때란 없습니다. 배움의 즐거움을 느끼고 세상을 어떻게 살아야 하는지 알 때 하루하루가 행복해집니다. 행복은 멀리 있지 않습니다. 내 옆에서 나와 함께 살고 있다는 사실을 꼭 알았으면 합니다.

둘째, 자신을 강제로 변화시킬 수 있는 교육과정에 참여해 보세요. 우리는 변하고 싶다는 생각만 하고, 후회하며 그냥 살아가고 있습니다. 시간 없다, 할 수 없다며 하루하루 버티며 살아갑니다. 더 나은 삶을 원하지만, 벗어날 수 없다고 생각합니다. 정해진 테두리 생활에서 벗어나면 큰일나는 줄 알고 살고 있습니다. 변화를 두려워하며 그냥 그렇게 하루를 살아가고 있습니다. 그냥 로또를 사면서 1등의 행운을 빌며, 하루하루 살아가고 있습니다. 10년을 살아도 살림살이는 변하지 않았습니다. 열심히 살면 변할 거라는 막연한 기대만 하며 앞만 보며 달려왔습니다. 내일은 달라지겠지 하며 기대하며 살았습니다. 기대와는 달리 남편의 주사는 늘어났고 부부 싸움의 횟수는 늘었습니다. 밤이면 신랑의 주사를 피해, 공원으로 산책하러 갔습니다. 추운 겨울날은 공원 화장실에서 신랑이 잠이 들기를 기다려야 했습니다. 공포와 분노로 하루하루 살았습니다. 회사 생활에 바빠서 뒤돌아볼 시간도 없었습니다. 그냥 열심히만 살았습니다. 생각 없이 살면, 아무런 일이 일어나지 않습니다. 변화가 필요했고 살고 싶었습니다. 리더십 교육에 참여하기로 했습니다. 읽고 쓰고, 말하기 수업입니다. 무모한 도전이었습니다. 잔업에 연장 근무까지 했습니다. 토요일 황금 같은 시간을 오로지 나를 위한 시간을 만들었습니다. 회사 근무도 거짓말로 약속 있다고 할 정도였습니다. 공부가 하고 싶으니 친구들, 돈, 가족 등 만남을 포기할 수밖에 없었습니다. 일주일에 한 번 주제를 정해서 읽고, 쓰고, 말하기를 합니다. 힘겨워 울면서 과제를 해야 했습니다. 고통은 나를 성장시켜주었습니다. 책 읽고 말하기 과제를 하며 변하고 있었습니다. 글쓰기 과제를 통해서 삶의 가치를 배웠습니다. 어느 날은 새벽녘까지 과제를 하고 있을 정도였습니다. 살면서 나를 위해서 새벽 시간을 보낸 적은 없었습니다. 어렵게 느껴졌던 과제가 재미로 다가왔습니다. 친구들과 놀 때만 느껴지던 행복한 기분을 느낄 수 있었습니다. 나름 잘 견디며 살고 있다는 사실에 감동했습니다. 힘든 삶도 내 것이요. 행복한 삶도 내 것입니다. 내 삶도 빛나진 않지만, 꽤 만족한다는 사실을 알아가고 있습니다.

셋째, 나를 바라보는 연습을 해 보세요. 행복은 한 다발의 꽃처럼 누군가 선물하는 줄 알았습니다. 새로운 가족, 남편의 반복되는 음주와 직장에서의 힘든 노동은 고통과 시련의 시간이었습니다. 마음은 멍이

들고 있었습니다. 아들, 딸, 친정 부모님을 생각하면 미안해서 참고 버티며 살아야 했습니다. 무섭고 두렵고 자신만 탓하며 무능력하다고 자책하기도 했습니다. 내일은 변하겠지 하며 버텼습니다. 사람은 고쳐 쓰는 게 아니라고 합니다. 변하지 않으면 죽을 것 같다 싶었습니다. 벼랑 끝에 대롱대롱 달린 기분이 들었습니다. 배움은 나를 성장하게 했습니다. 참아주고 기다려주는 것이 사랑이라고 합니다. 이제 좀 알 것 같습니다. 내가 가진 아픔이 누군가에게는 희망이 된다는 사실을 쓰는 삶을 통해 알게 되었습니다. 남편은 술기운을 빌어 작두 같은 말을 합니다. 나로 인해 우리 가족이 힘들었을 생각을 하니 가슴이 아팠습니다. 용서는 남이 나에게 하는 줄 알았습니다. 이젠 압니다. 진짜 용서는 내가 나에게 하는 것입니다. 행복은 멀리 있지 않고, 내 주변에서 언제나 기다리며 함께 살아간다는 사실을 알았습니다. 길은 세상 밖으로 나 있습니다. 아닙니다. 진짜 길은 밖에서 안으로 향하는 길입니다. 제 경우에는 독서와 글쓰기를 통해서 나를 발견했습니다. 독서와 글쓰기가 아니라도, 그림, 운동, 음악, 낚시, 명상, 골프 등 당장은 보이지 않아도 꾸준히 무언가에 집중하다 보면, 새로운 내 모습을 발견할 수 있습니다. 반복하고 즐길 때 버티는 힘이 납니다. 보일 때까지 해야 합니다. 절대 멈추지 마세요. 장소를 바꾸거나 사람을 바꾸거나, 시간과 돈 투자도 해야 합니다. 도서관에서 질 좋은 콘텐츠를 찾아서 배워 보세요. "재밌는 글쓰기" 모임에 가입하기에 늦을 때는 없습니다. 배움의 즐거움은 용기와 자신을 줍니다. 어떻게 살아야 하는지 알 때 하루하루가 행복합니다.

사실 글의 분량을 채우는 비법은 특별한 게 없습니다. 그저, 주제에 맞게 좋으면 자신이 좋아하는 것, 아프면 아팠던 경험을 모두 풀어쓰기만 하면 됩니다. 글의 분량을 채우는 만큼, 여러분의 행복도 채워질 수 있습니다. 행복은 멀리 있지 않습니다. 내 옆에는 내가 함께 살고 있다는 사실만 꼭 기억했으면 합니다. 누구나 글쓰기도 배우고 책을 낼 수 있습니다. 우리가 가져가야 할 최고의 보물은 독서와 글쓰기를 통해 분량을 채우듯, 행복으로 인생도 채워가셨으면 좋겠습니다.

# 3장

# 나를
# 드러내는 순간

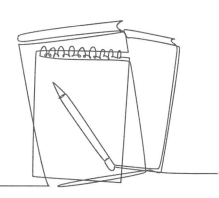

# 마음 열기, 다 보여 준다면

온라인 세상. 거의 매일 줌 수업에 참여합니다. 주로 [이은대 자이언트 북 컨설팅]에서 진행하는 정규 수업과 각종 특강을 듣습니다. 코로나 이후 오프라인 만남에서 온라인으로 바뀌었지요. 어리둥절했습니다. 기회가 많아진 만큼 세상에 나를 드러내는 일이 많아졌습니다. 직장 생활에서도 나를 드러내지 않으면 존재감이 사라집니다. 그럼에도 불구하고 '나'라는 사람의 참모습을 보여 주는 것에는 아직도 두렵고 쑥스럽습니다. 사람들로부터 인정과 칭찬받고 싶은 욕구 불쑥불쑥 튀어나옵니다. 그러나 겨우 겉모습만 살짝 보여 주는 정도입니다. 마음 열 수 있다면 세상을 대하는 것이 조금은 수월해지겠지요. 어떻게 하면 사람들에게 좋은 모습으로 다가갈까요?

피곤함을 잠시 풀기 위해 유튜브 동영상을 보았습니다. 수많은 사람이 유튜브 동영상을 통해 자신을 대변하는 콘텐츠를 제공했습니다. 눈이 아팠습니다. 블로그를 열었지요. 마찬가지였습니다. 서로 경쟁하듯 각종 정보를 내보내고 있었습니다. 그런데요. 이상하게도 자신에 대해서는 노출하지 않으려는 느낌을 받았습니다. 글과 영상 뒤로 자신을 숨기고 있다는 생각마저 들었지요. 직장 동료들의 이야기를 들어봐도 '세상에 이런 일이 일어났다더라', "와! 요즘 뉴스 봤어요?", 묻지 마 폭행을 넘어 칼로 찔러 사람을 다치게 했다는 이야기들로 가득합니다. 어디를 둘러봐도 다른 사람의 이야기뿐입니다. 나 또한 실체 없는 허상에 두려워하고 있었습니다. 나를 이야기한다는 것에 주저했습니다. 다른 사람의 인생에만 관심을 가졌습니다. 막상 내 존재가치에 대해서는 생각해 본 적 없었습니다.

글을 쓰면서 가끔 '나는 무엇을 원하는가? 세상에 나왔을 때는 뭔가 소명이 있었을 텐데 무엇일까? 사람들이 알아주기만을 바라지는 않았을까?' 용기를 낼 필요가 있다는 것을 깨달았습니다.

프리랜서이자 직장인, 작가로 살아가고 있습니다. 하루 평균 70여 명의 광고주와 상담하고 직원들과 소통하며, 또 작가로서 글로 독자를 만납니다. 그러나 내 생각일 뿐 내 모습을 드러내는 건 아직도 낯설고 부끄럽고 어색합니다.

사람들과의 인간관계 잘하고 싶으신가요? 독자에게 인정받는 작가로 살고 싶으신가요? 나를 있는 그대로 보여 주는 것부터 시작해 보는 건 어떨까요? '내가 여기 있어!' 마음부터 열기로 했습니다. 갈등과 고민이 계속되었습니다. 굳이 그럴 필요 있을까. 그냥 이대로도 충분하잖아. 별의별 생각 다 했지요. 하루에도 오만가지 생각으로 주저앉는 사람 많다고 합니다. 제가 그랬습니다. 변덕도 이런 변덕 없습니다. 고민하고 걱정하는 것만큼 사람들은 나에게 관심이 별로 없다는 것을 알게 되었습니다. 마음 바꾸니 해봐야겠다는 생각이 들더군요. 나처럼 드러내기를 쑥스러워하고 두려워하는 분들에게 제가 했던 방법 세 가지를 공유할까 합니다.

첫째, 2020년 코로나 이후 오프라인에서 온라인 세상으로 바뀌었습니다. 줌이라는 화상으로 수업을 듣고 공부하는 날이 많아졌습니다. 줌 뒤로 숨고 싶었습니다. 내 집을 오픈하기 싫었지요. 화면을 끄고 들었습니다. 딴짓하게 되더라고요. 수업 시간에 다른 급한 걸 하느라 중요한 걸 놓칠 때가 많았습니다. 강사가 "화면을 켜 주세요." 요구합니다. "칫!" 하면서 무시했지요. 귀로는 듣는다고 생각했지만, 태도가 엉망이었습니다. 이은대 작가의 수업을 들으면서 제 얼굴을 공개하기 시작했습니다. 잘 보이고 싶었거든요. 웃으라는 말에 웃었습니다. 웃지 않았던 얼굴이라 처음엔 경직되어 줌 속 내 모습이 우스꽝스러웠습니다. 거울을 보고 웃는 연습을 했습니다. 시키는 건 잘하는 편이거든요. 수업이 있는 날이면 제일 먼저 입장해 화면부터 켰습니다. 함께하는 사람들에게도 좋은 인상 주기 위해 웃었습니다. 어색함이 조금씩 사라졌습니다. 사람들이 인상이 좋아요. 미소 짓고 있으니 수업 때 작가님 찾아보게 되더라고요. 어떻게 그렇게 수업 시간 내내 웃고 있나요? 비결이 뭐예요? 수업 시간에 놓친 게 있는데 알려줄 수 있나요? 등등 질문도 합니다. 내가 알고 있는 걸 공유합니다. 기분 좋았습니다. 나의 밝은 에너지를 사람들에게 나누면 좋겠다고 생각했습니다. 나의 민낯을 보여 주니 오히려 다른 좋은 일들이 많이 생겼습니다. 수업 시간

정신 차려 듣고 적용하고 나누게 되니 뿌듯했습니다. 그 시간이 기다려졌습니다. 웃고, 내가 아는 걸 아낌없이 나누어 주길 권해드립니다.

둘째, 블로그에 나를 알리기 시작했습니다. 쓰고 지우고 비공개로 처리하고, 이웃 신청해도 받아주질 않았습니다. 사실 어떻게 하는지도 몰랐습니다. 알아야 한다 생각했지요. 나와 관심사가 맞는다고 생각하는 사람의 블로그에 찾아가 공감과 댓글로 소봉을 시작했습니다. 알고 있는 사람도 있었지만 쑥스러운 마음에 모르는 사람에게 먼저 다가갔습니다. 얼굴이 보이지 않기에 용기 내어 글로 인사를 나누었지요. SNS 시대는 온라인에서 마음을 나누고 소통할 수 있다는 장점이 있습니다. 시간이 걸렸지만, 그 사람이 올린 글을 정성껏 읽고 나름의 댓글로 응원의 메시지를 남겼습니다. 잊고 있었는데 댓글로 안부를 물어왔습니다. 다른 사람의 글에 공감을 표하고 댓글로 서로에게 관심을 보이며 관계를 만들어 갔습니다. 블로그에 매일 일상, 일, 글쓰기 관련 글을 올리고 있습니다. 2년 되었습니다. 꾸준하게 소통하는 사람들이 늘었습니다. 서로의 관심사에 격려해 주고 응원합니다. 블로그는 자신을 드러내기 좋은 도구입니다.

셋째, 하루 평균 70여 명의 광고주와 상담하는 부동산 광고대행사의 전문 매니저로 16년 동안 몸담아 왔습니다. 직접 만나 계약을 체결하거나 관리하는 것이 아니라, 콜센터 특성상 전화로 소통합니다. 광고주와 통화를 할 때도 내 이름을 밝히지 않았습니다. 지금은 자연스럽게 "안녕하세요. 김미예 매니저입니다. 무엇을 도와드릴까요?" 먼저 얘기합니다. 스스럼없이 내 존재를 밝히고 상담하니 광고주, 담당자들이 제일 먼저 나를 찾습니다. 고마운 일이지요. 외부 영업 담당자들도 내게 일처리를 부탁하는 경우가 많아졌습니다. 관계를 소중하게 생각하게 되었고요. 더 정직하고 정성스럽게 대해야겠다 느꼈습니다. 나를 드러내니 의식적으로 어깨에 살짝 뿡도 들어가고요, 당당해졌습니다. 평소 흐트러진 모습 보이지 않으려 노력했고 꼼꼼하게 확인하고 관리합니다. 사람들에게 나를 보여 주는 것이 오히려 도움이 되었습니다. 나의 당당함이 내 명함이 되겠지요.

오랫동안 뒤에 숨어 움츠리고 있었습니다. 답답했지요. 두려웠습니다. 당당하지 못했습니다. 변명할 수밖에 없었습니다. 사람들을 대하는 것이 부담스럽고 어려웠습니다. 나와 비슷한 경험 한 번쯤 해봤을 겁니다. 내 명함을 당당하게 내보이고 싶다면 마음을 열고 진짜 나를 보여주는 것부터 시작하라고 말해주고 싶습니다. 온라인 세상에서는 밝게 웃고, 블로그라는 SNS에서는 찐 소통을 하고, 광고주들과는 신뢰를 쌓아 관계를 만들고 유지하도록 노력하는 겁니다. 이런 일상이 쌓일 때, 다른 사람들로부터 인정받는 최고의 리더가 될 수 있겠지요. 내가 가진 것을 아낌없이 주고 '나'라는 사람을 보여 주면 좋겠습니다. 나는 존재만으로도 가치 있는 사람입니다.

# 써? 말아?

'썼다 지웠다, 썼다 지웠다.'

첫 문장부터 막혔습니다. 한 시간 넘게 뭘 하는 건지…. 반나절 지나도록 한 문단도 못 채웠죠. 두 가지 방해꾼이 꼼짝 못 하게 했습니다. 첫째, 잘 써야지. 둘째, 잘 숨겨야지. 장애물을 치워 버려야 앞으로 나갈 수 있겠지요. 갈팡질팡할 때마다 물었습니다. '왜 책을 쓰는데?' 망설일 거면 일기나 쓰면 될 일인데 말입니다. 자문자답하며 독자의 입장이 되어 생각했어요.

책을 쓴다는 건, 어떤 의미일까요? 여러 답이 나올 수 있겠지요. 저는 '세상에 나를 드러내기'라고 말할게요. 못난 모습도 기꺼이 보여 주겠다는 결심, 책 쓰기의 출발입니다. 주제 정하고 분량 채우는 것도 내 이야기를 꺼낼 각오가 서야 가능해요. 속을 보여 주기까지 세 단계 과정을 거쳤어요. 처음엔 두려웠습니다. 다음엔 용기 내어 보고 싶었죠. 마지막에는요. 드러내는 순간, 속이 후련했고 뿌듯했습니다. 이 맛에 자꾸 책 쓰나 봅니다. 한 권도 쩔쩔맬 줄 알았습니다. 2020년부터

2023년까지 매년 한 권씩, 개인 저서를 출간했습니다. 제가 거쳤던 3단계 심리 변화를 보여드릴게요. 지금 두렵다면, 출간으로 가는 자연스러운 과정이니 멈추지 마세요. 나만 그런 게 아니랍니다!

## 1단계: 내 상처, 꽁꽁 숨길 거야

모순덩어리였어요. 작가가 꿈이었어요. 교보에 내 책이 있는 상상을 하면 가슴 뛰었죠. 그런데, 솔직히 쓸 자신은 없었어요. 다른 사람의 비밀을 엿보는 건 좋았어요. 남의 아픔에 공감하며 위로받았어요. 내 머리카락은, 한 올도 보여 주기 싫었습니다.

'이렇게 쓰면 욕먹을 거 같아. 에잇~ 그냥 빼!'

빠져나갈 구멍을 만들었어요.

'사실대로 쓰면 창피해. 에둘러 쓰지 뭐. 거짓말은 아니잖아?'

적당히 포장했습니다.

'우리 학원 학부모가 읽으면 어떡해? 소문낼지도 모르잖아!'

수군댈 것 같았어요. 눈치 보며 썼습니다.

지금은 웃으면서 말하지만, 그땐 진지했습니다. 출간하면, 전 국민이 내 책을 읽을 거라는 착각에 빠졌고요. '내 글이 파장을 일으킬 거야.' 과대망상증도 있었습니다. 부끄럽네요! 그러니 더 숨기고 싶었겠지요.

## 2단계: 용기, 내어 볼까?

두려움과 용기 사이에서 갈팡질팡했습니다. 여기저기서 '20년 전의 나'를 닮은 사람이 보였어요. 손잡아 주고 싶었습니다.

'학원이 망해갔을 때, 가장 많이 한 게 뭐였어. 책에 매달렸잖아. 다시 일어선 사람들 얘기에 희망을 얻었잖아. 그런데 왜, 숨기려고 해? 이 기적인 거 아냐? 네가 위로받은 것처럼, 너도 그래야지. 그걸 바라잖아.'

근사한 모습, 남들이 부러워하는 모습을 써야 한다는 강박관념이 있었어요. 그래야 독자에게 사랑받는다고 생각했죠. 누가 못난 모습을 좋아할까 싶었어요. 처음엔 찬란했던 시절만 골라 썼어요. 그러다 보니, 두 가지 모순에 부딪혔어요. 첫째, 쓰고 싶은 얘기를 쓰려면, 숨기고 싶었던 얘기를 꺼내야만 했어요. 흑역사를 쓰지 않고서는 맥락이 엉성했습니다. 둘째, 책에서 위로받았던 건, 작가의 잘나가는 모습이 아니었어요. '저 사람도 나랑 같았어. 그런데 이겨냈잖아.' 바로 이거였어요! 힘들었을 때, 극복해 나갔던 과정이었어요. 어떻게 해야 할지 답이 나왔습니다.

첫 책을 출간하고 메일을 받았어요. 학원 창업 1년 차 원장님이었어요. 학생이 모이지 않아 좌절하고 있었는데 용기를 얻었다고요. 아직 때가 되지 않아서인데, 주저앉을 뻔했다며 힘내보겠다고 했어요. 숨기고 살았을 때는 죄지은 것도 아닌데, 떳떳하지 않았어요. 나누는 순간부터 신기한 일이 일어났어요. 같은 경험을 가진 사람들이 공감과 위로를 받았다며, 오히려 감사 인사를 전해왔습니다. 간장 종지만 했던 용기가 대접이 되었습니다.

### 3단계: 그래, 가면은 벗어 던져!

세계적으로 저명한 심리 전문가, 브레네 브라운은 『마음 가면』에서 수치심 드러내기에 대해 말했어요. 원제는 『Daring Greatly(대담하게 뛰어들어라)』입니다. 취약한 부분을 공유할 때, 아픔도 치유되고 자유로워집니다. 이 말을 출간하며 경험했어요. 매년 쓰는 이유 중 하나입니다. 브라운은 가면을 쓴 채 내 인생의 방관자로 사는 사람보다 대담하게 벗어던진 사람이 회복탄력성이 높아진다고 했어요. 방관자가 경기장에 선 사람을 비난할 수는 없죠. 자기는 뛰어들 용기도 없으니까요. 책 내고 싶은 소리 들을까 봐 걱정될 때, 경기장에 선 제 모습을 그려봐요. 아무것도 하지 않고 뒤에서 욕하는 사람보다 멋집니다!

학원 예비 창업자와 초보 경영인을 위해 가면을 벗어던졌어요. 쭈그리였던 초보 원장 시절의 모습을 속 시원히 드러냈습니다. 미납으로 고생했고, 시스템이 엉성해서 학부모에게 욕 얻어먹었고, 건물주에게 쫓겨났고, 강사에게 뒤통수 맞았고, 학생의 거짓말과 불량한 태도에 잠 못 이뤘던 일을 모두 밝혔어요. 쓰고 싶은 글 대신, 독자가 원하는 것에 집중했습니다. 의외의 선물이 따라왔습니다. 불안이 사라졌어요.

마음이 가벼워졌고요. 브라운이 말했죠. 아픔도 치유되고 자유로워진
다고요. 네, 그랬습니다. 그 후로 거침없어졌어요.

길 가다 돌부리에 넘어졌어요. 무릎에서 피가 납니다. 상처를 감추세
요? 아니면 약국이나 병원에 가서 보여 주나요? 아픈 곳을 알려줘야 의
사가 소독하고, 연고 바르고, 약을 서방합니다. 몸이든 마음이든, 상처
는 감출수록 덧나요. 종이 위에 모두 꺼내어 주세요. 쓰면, 내 안에 쌓
여 있던 나쁜 감정이 사라져요. 물론, 그전에는 더 쓰리기도 해요. 약
바르면 따갑다가 치료되는 것처럼요. '글쓰기는 치유'라는 말이 있죠.
나를 드러내는 순간, 찾아옵니다.

소미 씨! 글쓰기, 너무 좋은데… 표현할 방법이 없네요. 써? 말아? 고
민 대신 일단, 써보는 건 어때요?

# 숨어있는 나를 찾아주는 글쓰기

음악 예능프로그램 〈복면가왕〉 출연자는 자신을 숨기기 위해 가면을 쓰고 노래를 부릅니다. 누군지 알 수 없습니다. 얼굴을 가리고 노래 실력만으로 경쟁합니다. 숨길 수 있기 때문일까요? 무대에서 자신감이 느껴집니다. 복면 속 숨어있는 인물을 추리합니다. 가면을 벗고 모습이 공개됩니다. 예상하지 못한 사람을 보면 깜짝 놀라기도 합니다. 출연자는 가면을 벗고 나면 후련해합니다.

페르소나란 고대 그리스 가면극에서 배우들이 썼다가 벗었다가 하는 가면을 말합니다. 요즘은 개인의 행동 양식, 성격 등을 나타내는 용어로 사용합니다. 누구나 각자의 페르소나(가면)가 있습니다. 복면가왕 출연자처럼 자신도 모르게 가면을 쓰고 있을 수 있습니다. 글을 쓴다는 것은 가면을 벗고 자신의 모습을 드러내는 것입니다. 남들이 몰랐던 숨은 내 모습이 밖으로 드러난다는 생각이 들기도 합니다.

나를 직접 드러내는 게 부담이 될 수 있습니다. 내 글을 읽고 뭐라고 하지 않을까? 이런 글을 썼냐고 하면 마음의 상처를 받지 않을까? 관런 있는 사람이 읽고 왜 그런 글을 썼냐고 하면 어쩌지 등. 생각이 많습니다. 악성 댓글로 인해 힘들었다는 내용도 봅니다. 이런 두려움을 이겨내기 위해서는 어떻게 해야 할까요? 처음엔 혼자서 내 생각이 어떤지 쓰고 읽어 봅니다. 답을 찾고 싶을 때 저는 관련 도서를 찾아서 읽어 봅니다. 먼저 경험을 한 사람의 이야기를 통해 도움을 많이 받습니다. 다른 작가는 어떻게 자신을 드러내는지 책을 읽어 봅니다. 특별하지 않습니다. 있는 그대로 편안하게 자신의 이야기를 씁니다.

저는 글을 쓸 때 스스로 대화를 합니다. 기분, 마음, 고민, 할 일, 하고 싶은 일, 좋아하는 것 등등 물어봅니다. 생각나는 대로 묻고 대답합니다. 물어보고 답한 내용으로 글을 씁니다. 생각한 대로 좋은 일이든 안 좋은 일이든 마구 씁니다. 글은 마음대로 고칠 수 있습니다. 쓰고 나서 수정하면 됩니다. 열 받고 화나는 일이 생깁니다. 어떻게 그럴 수 있지. 정말 화가 난다. 감정을 있는 그대로 쏟아냅니다. 머리가 복잡하고 불편한 마음도 씁니다. 나만 보는 글입니다. 한바탕 쏟아내고 잠시 쉬는 시간을 가집니다. 진정이 되고 나서 다시 봅니다. 내가 쓴 글이 아니라 다른 사람이 쓴 글이라고 생각하고 문장을 살펴봅니다. 왜 그렇게 화났는지 보입니다. 화나게 만든 사람 생각으로 다시 읽어봅니다. 글쓰기를 통해 내 모습을 볼 수 있습니다. 머리에서만 맴돌았던 생각이 글로 나오면 정리가 됩니다.

글을 써서 생각을 표현하니 특별한 경험을 할 수 있었습니다. 저의 첫 번째 공저 책을 읽고 직장동료 A가 얘기합니다. "평소에 말씀이 별로 없으셔서 생각을 잘 몰랐습니다. 글을 보니까 어떤 마음인지 알게 되었습니다. 안 되는 이유를 찾는 것이 아니라 하는 방법 한 가지만 찾으면 된다는 걸 배웠습니다." 내 글을 읽고 공감해 주는 사람이 있어서 행복했습니다. 글을 쓰지 않았다면 할 수 없었던 경험입니다. 말을 할 때 맞장구를 쳐주는 사람이 있어도 기분이 좋습니다. 내 글을 공감하고 문장을 얘기하는 사람이 있을 때 글 쓴 보람을 느낍니다. 블로그에 글을 올리고 나면 공감해 주는 사람도 있습니다. 하나씩 생각을 밖으로 꺼내고 숨어있던 내 모습을 알아갑니다.

머릿속 생각을 글로 써보면 나를 알 수 있습니다. 무엇을 좋아하는지, 하고 싶은 일은 무엇인지, 기분은 어떤지, 요즘 어떻게 살고 있는지 등을 생각합니다. 글을 쓰기 전에는 내 모습을 관찰할 기회가 별로 없었습니다. 정신없이 일하고 주말에는 그냥 쉬기만 했습니다. 회사 일, 집안일로 고민이 많았습니다. 자신을 돌아볼 생각을 하지 않았습니다. 요즘은 주말에도 글을 씁니다. 매일 글을 쓰면서 나를 알아갑니다. 나를 돌아보고 힘든 시기엔 위로합니다. 기분이 좋고 행복한 기억은 읽으면서 다시 떠올려 봅니다. 글을 쓰고 나니, 나를 더 잘 알 수 있게 되었습니다.

사람들은 일어나지 않을 일에 대해 걱정을 많이 합니다. 실제 염려할 만큼의 심각한 일이 발생하지 않을 경우가 더 많습니다. 지나고 나면 아무 일도 일어나지 않기도 합니다. 첫 번째 공저 책을 쓸 때 근심 걱정이 많았습니다. 한 번도 해보지 않은 일이기에 두렵기도 했습니다. 끝까지 내가 해낼 수 있을까 하는 마음도 있었습니다. 하지만, 꼭 책을 내고 싶다는 생각으로 계속 썼습니다. 글쓰기 전 제 모습은 앞으로 나서는 걸 좋아하지 않았습니다. 식당에서 음식 주문을 할 때도 먹고 싶은 메뉴가 있어도 말하지 않았습니다. 일행과 같은 걸 먹었습니다. 지금은 달라졌습니다. 내가 뭘 원하는지 생각합니다. 음식을 주문할 때 먹고 싶은 걸 얘기합니다. 대세에 따르지 않고 원하는 것을 분명히 말합니다.

가만히 있으면 아무 일도 일어나지 않습니다. 모르고 지나칩니다. 말로 표현할 수도 있습니다. 글은 말보다 더 강하다고 생각합니다. 말은 스쳐 지나갑니다. 글은 계속 읽어 볼 수 있습니다. 글을 쓰면 몰랐던 나를 찾는 시간을 가질 수 있습니다. 자신을 돌아봅니다. 자유롭게 쓰고 지울 수 있습니다.

며칠 전 회사에서 은퇴하고 책을 출간한 작가의 북토크에 다녀왔습니다. 개인 브랜딩 시대라고 합니다. 회사를 나가기 전에 나를 적극적으로 알려야 한다고 합니다. 회사에 있을 때는 존재감이 있지만, 퇴직하고 나오면 알아주는 사람이 없다고 합니다. 알리는 방법은 여러 가지가 있습니다. SNS를 활용하는 방법이 있습니다. 작가는 책을 쓴 것이 효과가 있었다고 합니다. 내 모습을 드러내는 두려움을 이기고 세상에 나를 알려야겠다고 생각했습니다.

글을 쓰기 전 내 모습이 드러난다는 것에 대해 걱정이 많았습니다. '내가 쓴 글을 읽고 뭐라고 하지 않을까. 내 글이 책이 될 수 있을까. 사람들이 뭐라고 생각할까.' 꼬리에 꼬리를 물고 생각이 이어집니다. 책을 출간했습니다. 나 혼자만의 착각이고 할 필요가 없는 걱정이었습니다. 누가 이상하게 글을 썼다고 얘기하는 사람은 없습니다. 글을 쓴다는 자체가 대단한 일이라고 칭찬합니다. 자신감이 생깁니다. 글을 쓰고 숨어있던 나를 찾았습니다. 아는 사람도 더 많이 생겼습니다. 동굴에 숨어있던 내가 밖으로 나와서 다른 세상을 만났습니다. 글쓰기 전 걱정하고 고민할 필요가 없었습니다. 일단 쓰고 나서 숨어있던 나를 깨우는 경험을 했습니다. 저와 같은 경험을 할 수 있게 글 쓰고 싶은데 고민하는 분들에게 도움을 주고 싶습니다. 자이언트 라이팅 코치로 글쓰기, 책 쓰기 강의를 시작했습니다. 인생이 달라진 경험을 나누고 싶습니다.

# 나를 쓰는 것은 옳다

혼자 보는 일기를 쓸 때는 상관없었다. 어떻게 적든 무엇을 적든. 내 처지에서 내가 본대로 썼다. 남에게 공개하는 글이 아니기 때문이다. 그렇지만 보여 주는 글은 달랐다. 이런 이야기를 써도 되는지 생각했다. 글쓰기를 주저했다. 글에서 내 모습이 나타나기 때문이다. 좋은 사람이라는 평가를 받고 싶었다. 나는 완벽하지 않지만, 좀 괜찮은 사람으로 보이길 바랐다. 사람들의 평가가 두려웠다. 내 글이 비난받을까 걱정했다.

글쓰기 수업을 듣다 보니 알게 됐다. 다들 나와 비슷한 생각을 했다. 나를 어느 정도까지 드러낼 것인지 고민하는 초보 작가가 많았다. 독자에게 좋은 인상을 남기고 싶기 때문이다. 공저 책을 낼 때, 글쓰기 수업에서 배운 것처럼 내 얘기를 썼다. 내 원고를 본 J가 말했다. "이런 이야기까지 굳이 써야 해? 이거 좀 치부 아냐?" 나는 주제와 관련해서 그 이야기가 필요하다고 생각해서 작성했다. 그렇지만 J가 느끼기엔 불편한 마음이 있었던 것 같다. 몇 년 전에는 블로그에 글을 쓴 적이 있었다. 지금은 글 주제가 무엇이었는지 생각도 나지 않는다. 일상적인 이야기였던 것 같다. 한 사람이 댓글에 그 의견에 반대한다며 장문의 댓글을 남겼다. 댓글을 읽는데 얼굴이 화끈거렸다. 댓글을 지웠다. 한동안 포스팅을 하지 않았다. 내 이야기를 쓰는 게 꺼려졌다. 그렇다면 글에 나를 드러내는 것은 안 좋은 걸까? 나를 어디까지 보여주는 게 좋은 글일까?

글에서 나를 드러내는 게 좋고 나쁨의 기준이 될 수는 없다. 좋은 글은 내가 있는 그대로 표현되는 글이다. 우리는 살면서 얼마나 스스로 표현하며, 하고 싶은 말을 하면서 살까? 글에서만이라도 나다울 수 있다면 좋겠다. 나를 드러내는 것, 나다움을 표현하는 것은 늘 옳다. 글은 나를 나타내는 도구 중 하나다. 글에 내가 보일 수밖에 없다. 글 쓸 때 어디까지 나를 드러내는 게 좋을지 걱정될 수 있다. 그럴 때 참고해 볼 수 있는 두 가지 기준이 있다.

첫째, 나를 써도 괜찮은가?
글을 쓰면서 스스로 물어본다. 글에서 표현된 내가 괜찮은지 말이다. 괜찮다는 생각이 들었다면 당연히 공개해도 된다. 글은 썼지만 내가 괜찮지 않을 수 있다. 그럴 때는 시간이 필요하다. 자신의 이야기를 마주할 수 있을 때 글을 공개하자. 꼭 지금 나를 드러내야 하는 것은 아니다. 작가인 내가 결정하면 되는 것이다. 글은 내가 좋아지려고 쓰는 것 아닌가. 성향에 따라 자신을 잘 드러내는 사람과 아닌 사람이 있다. 본인이 생각할 때 가능하다고 여겨지는 범위까지만 글로 쓰면 된다. 조급하게 나를 드러낼 필요도 없다.

예전에는 나를 글로 표현하는 게 편치 않았다. 주변을 너무 많이 의식했기 때문이다. 블로그에 글을 쓰고 싶어도 쓰지 못했다. 나를 알아챌까 두려웠다. 그래서 자수 사용하는 아이디가 아닌 새로운 아이디를 만들었다. 어느 순간 굳이 이렇게까지 할 필요가 있나 의문이 들었다. 내가 경험하지 않은 것은 글로 쓸 수 없었다. 내 일상을 적으려니 글에 내가 드러나기 마련이다. 그러다 보니 글을 쓰기가 어려웠다. 결국 블로그를 삭제했다. 글을 쓸수록 나를 감추는 게 어려운 것을 알게 됐다. 내가 다른 사람인 척 살 수 없기 때문이다. 그 이후로는 원래 아이디로 글을 썼다. 잘 쓰든지 못쓰든지 내가 받아들여졌다. 자연스럽게 나를 드러낼 수 있었다. 만약 글로 나를 드러내는 것은 괜찮은데, 주위에 내 글을 알리고 싶지 않다면 '필명'을 사용하면 된다. 요새는 부가 캐릭터가 유행인 세상이다. 마음에 드는 활동명으로 부담 없이 자신을 드러낼 수 있다.

둘째, 다른 사람에게 도움이 되는가?

내가 쓴 글이 누군가에게 도움이 된다면 얼마나 기쁠까? 내 글을 읽고 고마워하는 독자가 있다고 생각해 보자. 글을 쓰길 잘했다고 생각하며 뿌듯할 것이다. 내 경험이 다른 사람에게 도움이 된다고 생각되면 글로 쓴다. 나의 어떤 경험이든 상관없다. 성공한 경험도, 실패한 경험도 모두 누군가에게 도움이 될 수 있다. 『백만장자 메신저』에서는 우리를 메신저로 칭한다. 내 경험을 가지고 다른 사람에게 조언과 지식을 제공할 수 있다고 이야기한다. 처음 이 책을 읽고 나서 내가 메신저인지 의문이 들었다. 나는 그런 역할을 해본 적이 없는 것 같았다. 그러다 어느 날 후배 직원과 이야기하던 중 책 내용이 떠올랐다. 책에서 본 내용이 맞았다. 나는 메신저였다. 늘 메신저로 살았지만, 인식하지 못했다. 장애인재활상담사로 십사 년째 일하고 있다. 일할 때 많이 듣는 질문 두 가지가 있다. 하나는 어떻게 하면 일을 오래 할 수 있는가이다. 다른 하나는 직업평가를 잘하는 방법이었다. 나는 두 질문을 하도 많이 들어서 줄줄 말할 수 있을 정도였다. 십 년이 넘게 같은 일을 해왔기 때문에 나에게는 평범한 일상이다. 하지만 사람들은 나의 평범함을 특별하게 생각했다. 반복적으로 하는 일, 배워온 것들, 자주 생각하는 것, 내 경험이 독자에게 도움이 되는 정보가 될 수 있다. 또 누가 알겠는가. 내 이야기로 인생이 바뀌는 독자가 있을지.

글을 쓰는 것은 나를 드러내는 방식 중 하나다. 내 생각, 말, 글은 곧 나다. 그러니 내 글에 내가 드러나는 것은 자연스러운 일이다. 복잡하게 생각하기보다 그냥 나를 써보자. 쓰고 나면 생각보다 나를 표현하는 게 별일 아닐 수 있다. 글로 나를 표현하면서 다른 사람에게 도움까지 된다면, 글을 쓰는 게 뿌듯할 것이다. 글솜씨가 조금 부족하면 어떠한가. 독자는 글에 숨어있는 작가의 마음을 볼 것이다. 쓰고 난 후 마음에 들지 않으면, 언제든 다시 쓸 수 있다. 지난 내 과거는 수정할 수 없지만, 내가 쓴 글은 언제든지 몇 번이고 고쳐 쓸 수 있다. 그러니 자신 있게 쓰면 된다. 생각보다 나는 꽤 괜찮은 스토리를 가진 사람이다.

## 3-5

송진설

# 다듬어지는 순간이다

    글을 쓴다는 것은 나를 드러내는 것이다. 자신이 곧 글이 된다. 내 생각과 마음이 온전히 글에 담긴다. 글을 쓰며 어려웠던 점이기도 하다. 책을 쓰는 것은 일기를 쓰는 것과 다르다. 일기는 자신만이 보는 글이다. 마음을 다 쏟아내어 써도 괜찮다. 나만을 위한 글이니 당연하다. 하지만 책을 쓴다는 것은 완전히 다른 세계다. 그 차이를 알아야 한다. 일기 쓰듯이 글을 쓴다면 독자를 위한 글이 아니다. 세상에 내놓는 글쓰기가 부담스럽게 느껴지는 이유이기도 하다.

    글에 나를 담는다. 나의 지난날을 쓴다. 과거를 떠올리는 글을 쓸 때 느낄 것이다. 기억과 감정이 옅어졌다는 것을 알게 된다. 그 일을 겪었던 당시에는 마음이 현재와 다를 것이다. 시간이 흐르면서 흩어진다. 글을 쓸 때는 흩어진 기억과 감정을 다시 모아야 한다. 퍼즐 맞추듯이 하나씩 찾는다. 쉽지 않다. 예전의 나와 현재의 나를 만나게 해야 한다. 연결해야 한다는 뜻이다.

    에세이를 쓸 때였다. 아이들과의 일상을 글로 적으려 했다. 초보 엄마로 어린아이를 키울 때였다. 많은 어려움이 있었다. 힘들기도 하고 버겁다 느끼기도 한다. 그 마음을 그대로 글로 썼다. 아이에게 소리치며 화냈던 일도 썼다. 그날 밤 후회하며 자책했던 이야기도 적었다. 내 마음이 그때 그랬다는 것을 그대로 표현했다. 글 속에서 나를 포장할 필요는 없다. 있는 그대로를 적으면 된다. 그때의 나로 돌아가는 것이다. 과거의 내 마음이 어떠했는지 다시 떠올려 보고, 그 상황노 생각해 본다. 아이의 마음과 표정도 떠올려 본다. 글을 쓰다 보면 그때의 마음이 느껴지며 과거의 나에게 말을 건네기도 한다. 과거의 한 장면으로 돌아가서 바라보게 된다. 아쉬운 마음이 든다. 다르게 말했으면 좋았을 텐데, 다르게 행동했다면 좋았을 텐데. 되돌아보며 깨우친다. 그 시간이 중요하다. 과거를 생각하며 자책만 하는 것이 아니기 때문이다. 아쉬운 부분은 지금 채우려고 노력한다. 부족했던 부분을 알아가고 더 나은 사람이 되기 위해 현재에서 노력하면 된다. 좋은 엄마가 되는 길이다. 글 속에는 과거의 부족했던 엄마의 모습 그대로를 적는다. 앞으로 좋은 모습을 쓸 수 있도록 노력하면 된다. 다음번에 쓸 글을 생각하며 성장한다. 과거는 있는 그대로 쓴다. 앞으로 쓸 글에는 성장한 모습을 쓸 수 있도록 잘 살아간다.

때론 쓰고 싶지 않은 일도 있다. 아무래도 아직 상처가 아물지 않은 일도 있다. 굳이 드러내고 싶지 않다면 쓰지 않는 것이 좋다. 글을 쓰며 완전히 드러내기 힘들 때면 말이다. 글은 진실하게 써야 한다. 거짓으로 꾸며 쓰는 것은 동화이다. 에세이를 쓰고자 마음먹었다면 솔직하게 써야 한다. 꾸며진 글을 나의 글이라고 세상에 내놓을 수는 없다. 책 쓰기는 진정으로 마음을 열고 써야 한다.

글을 쓰며 과거의 상처와 부딪히는 경우가 있다. 마음이 아직도 편안하지 않기 때문이다. 그럴 때면 모든 것이 다 치유된 듯 쓰면 안 된다. 아픈 마음을 그대로 써주어야 한다. 여전히 마음이 좋지 않다는 걸 글로 써야 한다. 만약 조금 나아졌다면 그대로 조금 나아졌다고 쓰면 된다. 더욱 편안한 마음이 되기를 원한다면 앞으로 더 좋아지길 바란다고 쓴다. 글 속에 내 마음을 그대로 담는다.

꾸미지 않고 나를 들여다볼 수 있어야 한다. 더 예쁜 마음이길 바랄수 있다. 하지만 우리는 사람이다. 마음은 마음대로 되지 않는다. 조금 시간을 주어야 한다. 글을 쓰며 달라지고 있는 마음을 느끼는 것도 글쓰기의 매력이다. 내 마음의 현재를 알 수 있어서 좋다.

스스로 감정을 깊게 들여다보지 않는 편이다. 나와 같은 사람들 많을 것이다. 그저 내 마음을 드러내지 않는 것이 더욱 편하기 때문이다. 다른 사람들의 마음을 먼저 살피려 한다. 자신의 마음은 깊게 들여다보지 않는다. 글 속에 마음을 표현하며 알게 되었다. 어떤 상황이든 마음과 감정들이 변화하고 있었다는 것을 느끼게 된다.

감정을 글로 쓰기는 쉬운 일이 아니다. 보이지 않는 느낌을 어떻게 표현해야 하는지 어렵다. 어떤 단어가 적확한 표현인지 선택해야 한다. 감정에도 많은 이름이 있다. 기분을 표현하기 위해 더욱 알맞은 말을 찾아야 한다. 사람들의 얼굴과 이름이 다르듯 감정의 생김새와 불리는 말이 다르다. 감정을 글로 표현할 때 조금 더 생각해 보아야 한다. 지금 느끼는 마음과 표현하려는 단어가 잘 어울리는지를 말이다.

글은 다듬어야 한다. 처음 쓴 글을 그대로 책으로 낼 수 없다. 수없이 여러 번 고치고 다듬는다. 그 과정을 통해서 좋은 글이 나온다. 하고자 했던 말을 독자에게 잘 전달할 수 있게 된다. 감정을 글로 표현할 때, 우선은 있는 그대로 표현해야 한다. 나눔시 않고 마구 쏟아내야 한다. 글로 표현된 나의 감정들을 읽어 보며 다시 느낀다. 아! 내가 그때 이런 감정이었구나. 아주 속상했겠구나. 매우 아팠겠구나. 인정해 준다. 스스로 쓰다듬어준다. 그 후, 다듬어야 한다. 세상에 드러내는 글의 모습으로 다듬는다. 울퉁불퉁한 감정들이 글을 다듬는 과정에서 마음속에 간직해도 될 모습으로 다듬어진다. 원석이 보석이 되는 순간이다. 쏟아내어 글로 쓴 감정들은 소중하다. 지난날의 아팠던 뾰족한 감정도 자신에게는 소중한 원석이다. 스스로 비참했던 감정도 성장의 발판이 될 수 있는 소중한 기억이기에 원석이라 할 수 있다. 누군가에게 감정의 바닥을 드러냈던 순간의 감정 또한 스스로에게는 원석이다. 이 모든 원석의 감정들은 글을 쓰며 다듬는 과정에서 보석이 된다. 세상에 모습을 드러내며 책으로 남겨지게 된다. 지난날의 감정들이 없었다면 글쓰기 힘들다.

현재가 중요하지만, 과거가 없는 현재는 없다. 과거가 없다면 미래도 없을 것이다. 지난 세월 동안 아팠던 기억들, 힘들었던 순간들, 비참했던 감정들. 이 감정들은 못나 보이는 감정일 수 있고, 지워버리고 싶은 과거일 수도 있다. 하지만 글로 다듬어져 세상에 나온다면 숨기고 싶은 과거로만 남겨지진 않을 것이다. 글을 쓰며 되돌아보면 좋았던 기억도 많이 떠올릴 수 있기 때문이다. 또한 덜어 내버리고만 싶던 과거도 다시 생각해 보니 나에게 동기부여가 되고 성장의 발판이 되는 과거이기도 하다. 나를 드러내는 순간을 두렵게만 생각하지 말자. 현재의 입장에서 돌아보는 과거는 당시의 과거보다 덜 혹독하게 느껴질 수 있다. 글을 쓰며 조금씩 천천히 나를 알아가자. 자신을 인정하고 격려해 주자. 글 속에서 만나는 나의 과거는 흉측한 모습만은 아닐 것이다. 나의 과거는 원석을 보석으로 만드는 순간이라 여기자. 책 속에서 아팠던 나의 과거를 읽고 있을, 성장한 지금 내 모습을 상상하라. 그 순간을 떠올리며 글 속에 나를 담자. 지난날의 원석의 감정이 책이라는 보석으로 탄생한다.

　나의 과거는 원석이다. 다듬어지지 않은 본래의 모습이다. 글을 쓰며 다듬어 보자. 아팠던 지난날들은 글을 쓰는 과정에서 성장할 기회가 된다. 지난날의 경험이 의미 있게 다가온다면 나는 다듬어지는 과정이라 생각하자. 곧 아름답고 빛나는 보석으로 태어날 것이다. 가슴 쳤던 날들의 감정이 올라와서 아프더라도 눈부시게 빛나는 자기 모습을 생각하며 조금씩 깎아보자. 글쓰기 시간이 나를 보석으로 만들어 줄 것이다.

# 세상은 날것을 원한다

글쓰기를 할 때 고민이 생긴다. 나만의 비밀스러운 이야기나 사연들을 남 앞에 드러내는 게 쑥스럽고 조심스럽다. 자신의 부족한 부분, 실패한 부분이 드러나면 벌거벗은 기분이 든다. 혹여 날 아는 사람이 읽게 되면 어쩌나 싶다. 나뿐만 아니라 나를 둘러싼 가족, 지인들에게까지 영향이 미치지 않을까 걱정된다. 어느 부분까지 드러내야 하는지, 얼마나 솔직해야 하는지가 늘 문제다.

글에는 글쓴이의 경험이 나타난다. 내가 하는 생각과 살아온 그 사람만의 자취를 다른 사람들이 읽게 된다. 내 글을 읽은 사람 중, 날 알고 있는 사람이 있다면 얼마나 난감할지 생각만 해도 아찔하다. 작가는 남들에게 자신을 투명하게 다 비춰야 하는 걸까? 얼마만큼 솔직하게 내놓아야 할까? 어디서부터 시작해야 할까? 너무 겁먹지 말길 바란다. 조금씩 글쓰기의 범위를 넓혀가며 쓰면 된다. 글의 진정성을 위해서는 작가는 민낯이어야 한다.

초등학교 때 일기 숙제가 있었다. 제목부터 날씨까지 고민하며 썼던 기억이 있다. 방학 중 밀린 일기를 쓸 때 날씨는 신문에 나온 일기예보를 보고 베꼈다. 감정은 남의 생각을 보고 쓸 수 없었다. 있었던 일, 겪었던 일을 써야 한다고 배웠다. 내가 느낀 솔직한 감정을 다 적었다.

검사 후 선생님이 멘트를 달아준다. 내 마음이 드러날까 봐 쓰고 지우기를 반복한다. 선생님이 읽게 되니 얼굴이 붉어진다. 남들과 다른 생각했을 때, 평범하지 못 한 일을 적을 때 망설였다. 그 뒤로 일기장에 나만의 진심을 줄여 썼다. 비밀이 생기면 작은 자물쇠가 달린 일기장에 따로 적고 나만 읽었다.

사건이나 감정 없는 일기는 어떤 느낌이 들까? 무난하고 싱겁다.

독후감이 그렇다. 책을 읽고 솔직한 내 생각, 느낌을 표현해야 한다. 내가 논술 지도하는 학생들은 생각과 느낌을 적을 때 오래 고민한다. 어디까지 표현해도 되는지 주저한다.


글쓰기는 나 자신과 대화하며 나를 알아가는 시간이다. 자신을 그대로 받아들이고 인정하는 과정이기도 하다. 나의 경험, 아픔은 글 쓸 때 소중한 자산이다. 많으면 많을수록 좋다.

책이나 영화 속에서 만나는 주인공은 우리와 같은 사람이다. 인생이 모두 행복하기만 한 사람은 없다. 좋을 때가 있고, 힘들 때도, 좌절하는 순간도 있는 게 인생이다.

절망 속에 있던 주인공이 시련을 이겨내고 변화하며 성장하는 과정은 사람들에게 희망과 자신감을 준다. 그렇다면 어느 정도 드러내면 괜찮을까? 조금씩 내놓으면 된다. 솔직하게 쓸수록 독자와의 소통이 원

활해진다. 진솔함은 자신을 마주 보는 것이다. 나의 원래 모습을 마주하자. 있는 그대로 안아주자. 글쓰기는 이런 나를 승인하는 행위이다.

내가 보기에 나의 못생긴 모습이 부족하고 못나 보여서 포장하기 바빴다. 남들이 눈치 못 채게, 아는 척, 아닌 척했다. 그럴수록 나만 힘들어졌다. 가면을 쓰고 있는 것처럼 무겁고 숨쉬기가 답답했다. 결단하고 내 부족함과 실패담을 숨겼던 포장지를 찢어버렸다. 나 자신을 그대로 내놓았다. 속이 시원했고 생각이 단순해졌다. 내가 먼저 인정하니 편했다. 오히려 독자들에게 응원과 격려를 받았다. 나의 약점을 드러내는 순간 그것은 이미 치부가 아니다. 그런데도 자신을 드러내놓기는 아직 완벽하지 않지만 투명해지도록 노력 중이다.


상황에 따라, 필요에 따라 다양한 빛을 내는 스펙트럼이 사람마다 있다. 나만의 색채, 나만의 언어가 필요한 독자들이 존재한다. 남들이 가진 스펙트럼과의 비교는 쓸데없다. 저마다 가진 경험이 다르기에 비춰내는 빛이 다를 수밖에 없다. 당신의 스펙트럼을 누군가는 부러워할 것이다. 물론 황홀한 빛이 더 많은 것이 멋지고 아름답다. 무지개 뜨는 꽃동산이, 뜨겁고 황폐한 사막보다 나아 보이는 이유다. 알록달록 고운 꽃길은 금방 질린다. 아름다운 꽃잎도 언젠가는 지고 시들어 버린다.

비록 지금은 그늘 없는 뜨거운 사막을 건너고 있지만 오아시스를 만난다면 시원한 느낌은 더 오래 기억될 것이다. 맨발로 걸을 수 있는 잔디 깔린 산책길이 거친 히말라야산맥보다 편해 보이는 건 당연하다. 하지만 히말라야 정상에서 볼 수 있는 장대한 경관은 집 앞 산책길엔 존재하지 않는다.

　무수한 아픔과 경험이 녹아있는 글 안에서 메시지와 에너지를 독자들이 다 찾아내면 좋겠다. 나를 드러내는 글쓰기는 다른 사람을 살리는 힘을 가졌기 때문이다.

　나를 알고 있는 지인이 내 글을 읽고 지적할 확률은 희박하다. 흉보는 사람이 있다고 해도 그 이유만으로 당신의 글쓰기가 멈춰서는 안 된다. 솔직한 글이 마음을 움직이고 작가의 진정성을 느끼고 독자와의 거리도 한층 가까워질 수 있다.


　작가는 '생'으로 보여줘야 한다. 생방송이 녹화방송 보다 살아 있다. 돌발상황으로 방송사고가 나기도 하지만 시청자는 생동감을 느낀다. 독자는 날것에 더 집중한다. 날것은 가공하지 않은 본연의 것을 말한다. 채소나 과일의 진짜 맛을 음미하려면 생으로 맛보아야 하는 것처럼 '내숭 없는' 글도 마찬가지다.

　우리 인생은 그랜드 캐니언의 지층과 닮았다. 약 20억 년 전부터 쌓여온 지층의 역사를 숨김없이 드러내고 있다. 긴 시간 동안 겪어왔던 고통의 시간이 고스란히 느껴져서 더 놀랍고 감동적인 것은 아닐까?

　희로애락, 성공과 좌절, 절망과 희망으로 만들어진 나만의 지층을 숨기지 말고 보여 주자. 층층이 다른 색으로 쌓인 단면이 마치 케이크처럼 다채롭게 보일 수 있다. 달콤하진 않다. 경험마다 아린 맛이 차곡차곡 느껴질 것이다.

　독자에게 용기를 줄 수 있는 글을 쓰고 싶다면 '날 것'으로 쓰길 바란다. 날 것 그대로의 모습이 지치고 힘든 이들에게 도움이 된다면 얼마나 가치 있는 일인가. 글쓰기는 나라는 미약한 존재가 의미 있는 존재로 거듭나는 과정임을 잊지 말자.

# 작가의 진정성과
# 독자의 알고 싶은 욕구 사이의 시소

"야! 이 돈가스 우리 엄마한테도 드렸냐?"

남편이 전날 저녁 식사 자리에서 했던 말이랍니다. 남편이 했던 말 그대로, 눈짓 하나 손짓 하나까지도 보여 주었습니다. 한 층 위에 사시는 시어머니에게 맛있는 반찬을 빠뜨리고 안 드렸을까 해서 하는 말이라고 했습니다. 맛있는 음식이 상에 올라올 때 늘 그렇게 말한다고 합니다. 심지어 바로 옆 상에서 드실 때조차도 그 접시를 들고 어머니상으로 가져간다고 했습니다. 같은 접시가 있는 걸 확인하고 나서야 제자리에 놓는다고 합니다. 지인 중 평소에 자신이 겪고 있는 일을 아주 적나라하게 드러내는 분이 있습니다. 때로는 불편하기도 합니다. 때로는 그녀를 이해하는 데 도움이 되기도 합니다. 그 지인이 있는 그대로 드러내는 걸 보며, 나는 저렇게 하지 못하는데 어떻게 저렇게 다 드러내나 싶었습니다. 작가가 되니 가끔 그 지인이 생각납니다. 글을 쓸 때 나도 그녀 못지않게 드러내야만 한다는 걸 느끼게 되거든요.

나를 드러내는 일. 대부분 쉽지 않습니다. 어디까지 드러내야 할지 몰라서인 경우도 있습니다. 드러냈다가 마음의 상처를 받으면 뒷수습이 어려울까 걱정되기도 합니다. 그렇다고 작가인데 마냥 다 감출 수는 없겠죠. 이럴 때 작가는 고민하게 됩니다. 내가 다 드러내면 나와 가장 가까운 가족이 불편해할 수 있습니다. 같이 있는 시간이 많아 내 이야기만 하는데도 가족이 드러나기 때문입니다. 이름이나 하는 일을 밝혔을 때 자신이 주목받게 될까 봐 불편해하는 가족도 있습니다. 가족이 표현하기 전에 작가인 내가 먼저 조심스럽기도 합니다.

『사교육 없이도 잘만 큽니다』를 집필하고 보니 딸들 반응이 제각각입니다. 아예 읽지 않은 아이도 있습니다. 어떤 아이는 자신이 드러나는 게 싫어 가까운 친구에게조차도 엄마가 책을 썼다는 얘기도 하지 않는다고 합니다. 엄마 책이라며 친구들이나 지인에게 선물하는 아이도 있습니다. 회사 직원 중에 아이 때문에 힘들어하는 분에게 선물할 거라며, 내게 사인을 부탁하기도 합니다. 우리 엄마가 쓴 책이라 자신이 드러나는 게 민망하지만 도움 될 거라며 살짝 드렸다고 합니다.

글에서 나를 드러내는 방식은 여러 가지가 있습니다. 첫째, 있는 그대로 다 드러낸다. 둘째, 없는 사실인데 있는 것처럼 꾸며서 드러낸다. 셋째, 있는 사실 일부만 살짝 보여 준다. 마지막으로 아예 보여 주기 싫어서 감춘다. 보여 주기 싫어서 아예 감추다 보면 글이 제한적일 수밖에 없습니다. 기어이 감춰야 한다면 전문 서적을 써야만 하겠죠.

작가라면 두 번째의 '없는 사실을 있는 것처럼' 보여 주어서는 안 됩니다. 첫 번째의 있는 사실을 전부 다 보여 주는 경우, 독자는 흥미로워할 것입니다. 다른 사람의 사생활을 안다는 것 자체가 재미있으니까요. 초보 작가일 경우 가장 망설이게 되는 예이기도 합니다. 조금만 살짝, 내 마음 다치지 않을 만큼만 보여 주고 싶습니다. 그런데 글이라는 게 어디 그렇게 될까요? 쓰다 보면 보여 주어야만 하는 경우가 생깁니다. 이때 고민하게 되죠. '어쩌지? 이걸 보여줘? 말아?' 하며 꽤 깊이 생각합니다. 어쩔 수 없이 내 약점이며 부끄러운 부분을 드러내게 됩니다. 감추고 보여 주지 않을 때는 독자 앞에서 떳떳하지 못합니다. 혹시 이게 밝혀지면 어떡하나 하며 조마조마하기도 합니다.

그냥 두 눈 질끈 감고 보여 주면 마음이 편안합니다. 누가 뭐라 해도 다 보여줬기 때문에 떳떳하죠. 가끔 제 책을 읽고 울었다는 분들이 있습니다. 특히 저와 친분이 있는 사람들이 그랬습니다. "너무 다 보여줬어."라고 말하는 사람도 있지요. 어쩌겠습니까. 손바닥으로 하늘을 가린다고 가려질까요? 나쁜 짓을 하지 않은 걸 위안 삼으며 보여줘야 했습니다. 그 덕분에 글이 살아있더라고 말해주는 독자들도 있습니다.


글을 쓸 때 나를 얼마나 보여줘야 할까요?

글의 목적에 따라 다릅니다. 학문적인 내용이나 전문적인 글에서는 주제에만 초점을 맞추게 됩니다. 개인적인 내용은 쓰지 않아도 됩니다. 에세이나 회고록 같은 경우에는 사적인 경험을 더 많이 보여 주는 것이 독자의 관심을 끌기에 좋겠죠. 글을 읽게 될 독자에 따라 보여 주는 정도가 다릅니다. 일반 독자가 대상인 경우, 개인적이며 사적인 사례에 대해 언급하기보다는 메시지와 관련이 있는 경우에만 보여 주는 것이 좋습니다. 반면 가까운 친구나 가족이 읽을 글일 때는 개인적인 경험을 더 많이 공유해도 괜찮겠죠. 공개적인지 비공개 커뮤니케이션인지, 공식 문서인지 비공식적인 상황인지도 고려하면 좋습니다. 각각의 상황에서 글을 쓰게 되는 경우 자신을 얼마나 드러낼지는 스스로 정하면 됩니다.

사적인 내용을 얼마나 보여 줄지에 대한 작가만의 기준을 정하는 것이 좋습니다. 어떤 작가들은 개인적인 경험을 드러내는 것에 심적 부담을 덜 느낄 수 있습니다. 반면 주변 사람들과의 관계나 상황에 따라 어떤 면은 공개하고 싶지 않을 수도 있습니다. 사적인 내용을 공개해서 생기게 될 파장이 무엇인지 생각해야 합니다. 독자가 내 글을 읽고 공감할 수 있는지, 또는 다른 사람과 관련이 있어 그 사람들에게 피해를 줄 수 있는지도 신중하게 따져보아야 합니다. 그런 과정을 거친 후 얼마나 드러낼지 결정하는 게 좋습니다.

글을 쓸 때 어느 정도 자신을 보여 주면 작가의 진정성이 보입니다. 그렇다고 무작정 다 공개할 수는 없겠죠. 사적인 생활이나 개인의 정보를 보호한다는 면에서 얼마나 드러낼지, 적당한 선에서 얼마나 감출지에 관해 균형을 맞추는 것이 좋습니다. 세세하고 구체적인 사항을 드러내지 않고도 감정, 생각, 반성에 초점을 맞출 수도 있거든요. 나 아닌 다른 사람들과 관련될 경우, 특히 개인적이거나 민감한 내용의 경우,

그들의 감정을 헤아려 사전에 동의를 얻어야 합니다. 지극히 개인적인 사항을 공개해야 할 경우, 미리 충분한 시간을 가지고 심사숙고해 보는 게 좋겠죠. 공개하려는 내용이 장기적으로 볼 때 나와 주변 사람에게 어떤 영향을 미칠지도 고려해 보아야 합니다.

글을 쓸 때 자신을 얼마나 드러낼지 결정하는 것은 작가마다 다를 수 있습니다. 작가의 진정성과 개인 정보 보호 사이에서 균형을 잘 맞추어야 합니다. 글의 목적에 따라 독자에게 얼마나 보여 줄지가 중요합니다. 그러므로 내 글에서 어느 정도까지 나를 드러낼지는 작가 스스로 깊이 생각한 후 결정해야 합니다. 나도 주변 사람도 불편하지 않을 만큼이면 충분합니다.

# 그런 이야기를 왜 썼어?

"글 쓴다더니, 하고 많은 이야기 중에 사기당한 이야기를 썼냐?"

처음으로 출간된 공저를 읽은 남편의 반응이었다.

맞는 말이다. 기대하며 읽은 책 내용이, 기껏 사기를 당한 이야기라니. 남편이 의아해하고 실망하는 건 당연하다. 나는 환갑이 지난 인생 후반에 글쓰기를 시작한 사람이다. 늦게 시작한 작가의 글감으로 그보다 좋은 이야기가 왜 없었을까. 게다가 해외 생활 27년에 쌓인 게 경험인데.

우울증에 몸 상태도 최악이었다. 14년 만에 미국서 돌아온 나를 만나 반가워한 친구가, 나를 보더니 깜짝 놀란다. 살이 찌고 푸석푸석한 모습. 힘도 없어 보였을 거다. 말하지 않아도 눈치를 챈 거다. 큰 병은 아니지만 몸과 마음이 무너져 있다는 것을. 며칠 후 다시 만났다. 그 친구는 건선이 심한 사람이었다. 건선은 잘 낫지 않는 병이라고 들었다. 15년 전 내가 미국 갈 무렵에도 건선으로 온 팔이 보기에도 민망했던 친구다. 징그럽게 심했던 팔이 나은 자국을 보여주며 다단계 회사에서 나온 건강식품을 권했다. 성의가 감사했다. 열심히 챙겨 먹었더니 수십 년 고생하던 변비가 없어졌다. 혈압도 낮아지고 체중도 많이 줄었다. 제품을 신뢰하며 계속 먹었다. 어느 날, 제품을 만드는 회사가 주식을 상장한다고 했다. 나중에 주식가격이 많이 오를 거라고 소문이 났다. 투자하기로 했다. 주변에서 온갖 병이 치유되는 것도 보고, 몸도 많이 건강해진 나는 팬이 되었다. 겁도 없이 여윳돈 3억을 왕창 넣었다. 3년 후, 그 회사는 결국 망했고 투자한 돈은 한 푼도 건지지 못했다. 의심하는 일에 둔한 나는 그 후에도 주변인들의 말을 그대로 믿어, 금융 사기, 기획부동산 사기와 코인 사기를 줄줄이 이어가며 당했다. 결국 많은 돈을 잃어버렸다. 돈만 잃어버린 것이 아니라, 사람들에게 원망도 샀다. 나를 믿고 코인에 투자한 사람들이 나를 고발하겠다고 했다. 나에게 돌아온 이익도 없이 쓸데없이 코인을 사라고 권한 대가마저 톡톡히 치러야 했다. 성실한 남편은 자신이 일해서 번 금쪽같은 돈으로 막아 주었다. 착한 나의 두 언니의 노후 준비금도 나 때문에 날아갔다. 귀국하고 나서 7년 동안 일을 많이도 저질렀다. 쓰레기통에 매일 뭉칫돈을 갖다 버리듯, 사고를 치고 다녔다. 처음에 한 사건이 잘못되니, 그것을 무마하려고 하다 또 다른 사기에 꾀여 들었다. 그렇게 꼬리를 물고 네 번이나 사기를 당했다. 미국에서는 몸과 마음의 병을 얻었다면, 한국에 와서는 돈과 신용을 버리고 다녔다. 그 후 책을 쓰기 시작할 때까지 10년 동안은 죽은 듯이 살았다. 내가 저지른 실수로 인해 매일 빨래 짜듯 마음을 쥐어짜고 있었다.

나는 왜 이런 불편한 내용을 세상으로 끄집어냈을까. 그냥 그런 나의 불편한 모습을 다 드러내 보여야 앞으로 글을 편하게 쓸 수 있을 것 같은 생각이 들었다. 아니, 꺼내고 싶었다. 모르는 사람들에게는 할 수도 없는 속 이야기. 지금까지의 내 인생에서 가장 부끄럽고 한심한 이야기. 도저히 변명이 성립되지 않는 행동을 다 쏟아내서 버리고 싶었다. 나 자신도 이해 못 할 장피하고 멍청한 행동들이었다. 신기했다. 그동안 숨겨 왔던 이야기를 공개적으로 쓰고 나니 갑자기 알 수 없는 홀가분함이 느껴졌다. 나의 뇌 속에 꽉 차 있던 어떤 불편함이 증발해 버린 느낌이랄까. 일하지 않고 일확천금만 기대했던 나의 교만과 욕심이 객관적으로 보였다. 그동안은 세상의 나쁜 사람들 탓이라고 여겼다. 내 마음이 바로 1차 원인 제공자였다. 이제야 깨달았다. 일하지 않고, 돈으로 돈을 벌려는 어리석은 욕심이 원인이었다. 이제 다시는 함부로 돈을 버리지 않으리라 결심해 본다. 남들이 사는 명품 가방 하나도 사지 못하고, 훨씬 많은 돈을 허공에 다 갖다 버렸다. 차라리 마구 사치하며 사는 사람들이 나보다는 현명하다는 생각이 들었다. 누구를 탓할 자격도 없다는 것을, 나를 있는 그대로 드러내어 쓰면서 확실히 알게 되었다.

거짓말은 두 가지 색깔을 가지고 있다. 흰색과 검은색. 남을 속이는 검은 거짓말은 잘 하지 않고 살았다. 하지만 남에게 숨기는 하얀 거짓말은 늘 하면서 살아왔다. 남을 위해서, 나를 위해서, 가족과 세상의 평화를 위해서. 육십 평생 말하지 않은 비밀이 왜 없을까. 그것이 선

(善)인 줄로 착각하며 살았다. 글을 쓰면서 느낀다. 작가는 내 감정과 생각에 먼저 정직해야 한다는 것을. 그러나 숨기지 않고 보여 주려면 먼저 용기가 필요하다. 손해를 볼 수도 있고 고통이 따를 수도 있다. 세상에 핑계 없는 무덤이 없듯이, 사연 없는 사람도 없다. 혹시 나처럼 실수나 상처를 오늘도 숨기며 끙끙거리는 사람이 있다면 글을 써 보라고 권하고 싶다. 상처를 보여주고, 실패를 인정하는 것이 회복과 성장의 발판이 될 수 있다. 있는 대로 다 드러내도 세상은 절대로 무너지지 않는다. 아픔을 밖으로 보여주면, 자신이 어떤 실수를 했는지, 어떤 어려움을 겪었는지에 대해 객관적으로 돌아볼 수 있다. 이를 통해 자신의 실수를 인지하기도 하고, 앞으로 비슷한 상황에서는 어떻게 대처해야 하는지 배울 수 있다. 실패에서 다시 일어나는 작가의 모습으로 희망과 변화의 가능성도 보여줄 수 있다. 비슷한 다른 사람이 용기와 자신감을 얻도록 도와주게 된다. 아파 본 사람만이 아픈 사람을 제대로 이해할 수 있고, 슬퍼 본 사람이 슬픈 사람의 마음을 깊이 위로해 줄 수 있기 때문이다. 지금은 당당하게 쓰면서 깨닫는다. 내 마음속의 고질병과 위축감을 글로 드러내면서 치유받았다는 것을. 이제는 아프지 않은 다른 경험을 쓸 준비도 되었다.

카페에서 친구와 이야기하듯 진솔한 글을 쓰려고 노력한다. 내가 함께 수다를 떨고 인생을 이야기하고 싶은 사람은 어떤 사람인가? 나와 이야기를 나누는 그 사람이 마음속에 하얀 거짓말도 가지고 있지 않았으면 좋겠다. 나 역시 그럴 것이다. 이렇게 있는 그대로 솔직하게 자기 모습을 드러내는 것이 작가의 기본 마음가짐이어야 한다. 두려움 없이 있는 그대로의 자신을 드러내는 것이 진짜 글쓰기의 시작이다. 상처 입은 어느 아름다운 사람의 글쓰기를 응원한다.

# 무기가 되는 SNS

누구나 인정받고 싶은 본능을 가지고 있다. 남이 보는 것이 아무래도 신경 쓰인다. 블로그, 네이버 카페, 브런치스토리, 인스타그램, 유튜브, 트위터, 스레드, 페이스북 등에서 단 한 번의 용기를 낸다면, 자신을 쉽게 드러낼 수 있는 세상이다. 현실과 다른 부캐 하나를 만들 수도 있다. 내가 아니지만, 또 다른 '나'다. 이름 대신 닉네임으로 출간한 책들도 있다. 책 앞날개에도 저자 이름이 없다. 나를 드러내지만, 내가 빠진 나일 수 있다.

닉네임조차 드러내기 어려워하는 사람도 당연히 있다. 알려지는 자체를 싫어하는 사람도 많다. 두려움 때문이다. 개인적인 경험을 드러내는 순간, 상대방에게 약점이 잡히거나, 부정적인 평가를 받을까 불안해한다. 과거 경험이나 트라우마, 실수를 드러냈을 때 타인이 바라보는 시선이 신경 쓰이는 사람이다. 처음은 대부분 그렇게 느끼는 경우가 많다. 온라인 카페 활동을 시작했을 때 예전에는 정보만 쏙 챙기고, 아무 기록도 남기지 않은 적이 내게도 있다. 온라인 커뮤니티 '디시인사이

드' 갤러리에서는 닉네임 대신 '○○'를 입력한다는 얘기를 들었다. 공용으로 사용하는 닉네임이다. '밥알'을 표현한 거란다. 드러낸다는 건 누군가에겐 큰 용기일 수도 누군가에겐 작은 용기이기도 하다. 하지만, 스스로 드러내는 순간부터, 인생이 점점 좋아질 수밖에 없다. 연예인이 처음 TV에 나왔을 때 즉, 시간이 흐른 후 과거 사진과 현재 사진을 비교해 보면 확연히 차이가 난다. '카메라 마사지'를 받은 싯처럼, 표정도, 목소리도, 옷차림도 점점 세련되기 시작한다. 이유는 피드백하기 때문이다. 처음엔 이상하고 초라하다. 드러내는 순간부터 개선의 여지가 생긴다는 말이다. SNS 활동도 마찬가지다. 처음엔 볼 게 없다. 하나씩 공유하면서, 관심 있는 사람이 모여들게 된다. 한 명씩 팔로우를 시작한다. 조회수와 공감 댓글을 확인한다. 사람들이 좋아하는 것 중에서 자신이 잘할 수 있는 공통점을 발견할 수 있다. 악성 댓글이 생길까 걱정이라고? 일단, 미소 지어라. 악성 댓글은 그만큼 당신이 유명해졌기 때문이다. 당신이 더 낫다는 증거다. 악성 댓글을 남기는 사람도 용기를 내야 가능한 일이다. 사람들의 관심이 늘어나면 그 방향대로 유지해나가면 되고, 사람들의 관심을 받지 못하면, 하나씩 고쳐 나가면 충분하다. 피드백하니, 점점 좋아질 수밖에 없다. 여기엔, 하나라도 있어야 바꿀 수 있다는 말이기도 하다. 보통 사람들은 피드백 없이, 처음부터 완벽한 존재가 되려고 한다. 처음부터 완벽한 존재는 이 세상에도, 저세상에도 없다. 개선만 있을 뿐이다. 우리는 지금, SNS가 무기인 시대에 살고 있다. 아이템 하나 없이 이 세상 살아갈 수 있을까?

자신의 감정, 생각 또는 개인적인 경험을 드러내는 게 두렵다면, 새로운 '나'를 하나 만들어 무기가 되는 SNS 활동을 시작해 보자. 점점 좋아질 수 있다. 자신을 드러내는 방법, 3단계를 소개한다.

1단계는 시크릿 익스프레스다. 평소에 사용하지 않는 닉네임, 계정을 만드는 것이다. 온라인 카페나 블로그, 인스타그램, 페이스북 계정을 평소에 사용하지 않는 닉네임으로 계정을 만든다. 계정이 이미 있다면, 다른 계정을 하나 더 만들 수 있다. 네이버는 동일 인물이 3개의 아이디를 만들 수 있고, 인스타그램은 1인당 5개의 계정까지 운영할 수 있다. 구글 계정도 여러 개 만들 수 있다. 최신 스마트폰에서는 eSIM, 즉 스마트폰 기기에 내장형 SIM 카드가 장착되면 전화번호 두 개를 가질 수 있다. 그러면, 카카오톡 계정도 2개까지 만들 수 있다. 주변 사람에게는 절대 알리지 말라. 평소 사용하던 계정은 개인적으로, 업무적으로 활용하고, 세상 사람들과 연결하기 위한 계정을 따로 만든다. 평소에는 현실주의자, 진실한 삶, 책임감이 강한 ISTJ형 성격의 소유자라면, 온라인에서는 자유로운 영혼으로, 외향적이고, 솔직하며, 개방적인 ENFP 성격으로 살아볼 수 있다. 평소 몰랐던 자신을 발견할 수 있으며, 새로운 분야로 확장할 수 있는 길이 열릴 수도 있다.

2단계에서는 공감과 댓글 소통을 시작한다. 평소에 알고 지내는 사람과는 편하게 이야기 나눌 수 있지만, 처음 만나는 사람과는 어색한 관계를 유지하는 경우가 많다. 속에 담아둔 말을 쉽게 꺼낼 수 없는 관계다. 조금씩 친해지면, 할 말이 늘어난다. 관심사가 비슷하면, 밤을 새워도 이야기가 끝나지 않을 정도다. 온라인 SNS도 마찬가지다. 계정을 처음 만들어 SNS 활동을 시작하면 아는 사람이 없어서 외롭다. 막막하다. 낙동강 오리알 같다. 그럴 때, 평소에 궁금한 걸 검색해 보라. 네이버 블로그든, 인스타그램이든, 유튜버든 방문해서 공감되는 글이나 영상을 찾아본다. 공감될 때, 해당 계정의 메인화면을 눌러 계정의 성향을 파악한다. 계정 운영자 소개 자료나, 발행한 기록을 하나씩 살핀다. 자신과 스타일과 취향이 비슷하면 구독, 이웃 추가 또는 팔로우한다. 주기적으로 방문하면서 올라오는 글이나 영상에 대해 댓글을 정성스럽게 남긴다. 글을 보는 대부분의 사람 중에 진정으로 댓글을 정성스럽게 남기는 사람은 아마 3%도 채 안 될 것이다. 보통 사람은 타인에게 관심 없다. 오직 자신에게만 관심 있다. 꾸준히 한 사람에게 공감과 댓글을 남기면, 당신의 든든한 지원군 한 명이 생길 것이다. 자신에게 반응했던 사람이 궁금해지기 때문이다. 이렇게 한 명, 두 명 이웃을 만들면, 자연스레 연결고리가 생긴다. 당신을 드러내는 순간, 팬이 한 명 생길 수 있다. SNS는 정성스러운 댓글 소통이 전부다. 어떤 플랫폼에서든 SNS 불변의 법칙이다.

3단계는 드러내고 싶을 때, 드러낸다. 온라인상에서도 오랜 기간 소통하다 보면 친해질 수 있다. 그러다가 오프라인 모임까지 연결되기도 한다. 네이버 카페, 블로그, 인스타그램, 유튜브 등 SNS 활동 시 얼굴을 내비치지 않고도 활동하는 사람들이 많다. 심경의 변화가 생길 때 얼굴을 공개하면 된다. 때가 되었기 때문이고, 상대방에게 신뢰를 쌓기 위함이다. 아무래도 얼굴을 보여 주는 활동은 책임감이 생기는 활동이다. 가게에서 불미스러운 일이 생기면, 사장 나오라고 말하는 경우가 있다. 작가도 사장이다. 글에 힘을 실으려면, 당신을 보여 주는 게 유리하다. 얼굴을 보여 주지 않다가 공개하는 경우 예상과 다른 모습에 실망하는 팬도 생길 것이다. 하지만 한두 번 익숙해지면, 자연스럽게 단점보다 장점이 돋보인다. 진짜 매력, 개성이 보이기 시작하는 것이다. 본질에 집중하는 팬들이 늘어난다. 든든한 지원군들이다. 그들이 바로 당신의 실패와 성공 경험을 나누어야 할 도움이 필요한 사람이다. 지난 6년간, 온라인에서 얼굴을 드러내지 않고 활동했었다. 퇴사를 결정하고, 신분의 자유를 얻은 후에야 얼굴을 공개하기로 마음먹었다. 단지, 드러내는 게 두려워서 지난 6년간 온라인상에 내 기록을 남기지 않았더라면, 직장 퇴사와 동시에 모든 경력은 제로가 되었을 것이다.

되고 싶은 나를 새로 만들어라. 소통해라. 그리고, 때가 되었을 때, 드러내라. 기록을 쌓으면, 신뢰가 쌓인다. 무기가 되는 SNS 계정이 생길 것이다. 적어도 일 년 이상 꾸준히 지속하길 바란다. 그러면, 당신도 누군가의 부러움의 대상이 되어 있을 것이다. 팔로워를 보유한 SNS 계정은 당신의 인생 명함이다. 당신이 누구인지 묻는 사람이 있다면, "저, 이런 사람이에요."라며 SNS를 보여 주면 끝이다.

## 3-10

정성희

# 나를 꺼내놓을 수 있는 용기

부끄럼을 잘 타는 성격입니다. 남 앞에서 말도 제대로 못 했지요. 어느 자리에서든 있는 듯 없는 듯, 존재감이라곤 제로인 상태로 살았습니다. 말로 표현 못 하는 걸 글로라도 풀고 싶었습니다. 말이나 글로 표현하지 않으면 아무리 가까운 관계라 해도 불통이 되더군요. 그렇지만, 생각과 감정, 살아오며 경험한 일들을 글로 표현하는 것도 용기가 필요한 일이었어요. 첫 번째 책을 쓸 때 여실히 느꼈었지요. 나를 드러내는 글쓰기는 독자와 소통하는 연결 창구라는 걸 알았습니다. 진솔한 드러내기 글쓰기는 나를 사랑하는 방법입니다. 독자와 소통하고 나를 사랑하며 글을 쓸 수 있는 세 가지 방법을 소개합니다.

**나를 드러내는 글쓰기를 위한 세 가지 방법**

**(1) 칭찬하기**

스스로 칭찬해줍니다. "우울증을 잘 이겨 내고 있어. 내 역량이 부족하지만 괜찮아, 글쓰기를 멈추지 않는 한 삶이 점점 나아지리라 믿어."
일단 일기장에 마음껏 써봅니다. 일기는 남이 보지 않을 것을 전제로
쓰는 나만의 글이니까요. 처음엔 일기에 마음을 표현해 보다가 공개
글로 확장해 나갑니다. 나를 보여 주는 글을 쓸 수 있는 담력을 키우
는 거지요. 나를 칭찬하며 격려해 주는 게 나와 잘 놀아주는 방법이라
생각합니다. 이게 바로 자존감도 높아지고 남 앞에서 당당해지는 방법
입니다.

### (2) 자문자답하기

내 삶의 주인으로 살기 위하여 '나는 누구인가?'라는 질문을 끊임없
이 합니다. 답을 찾기 위해 나를 깊이 들여다봅니다. 사유를 위한 산책
을 즐깁니다.

| 예문 |
| --- |
| 나는 나약하기 짝이 없다. '손대면 톡 하고 터질 것만 같은 봉숭아'처럼 툭 건드리면 울음이 터져버리고 만다. 한편으로 죽을 만큼 힘든 고비를 무사히 넘어온 강단도 있는 사람이다. 사람은 다중인격이라는 말을 들었다. 딱 한 가지만 있는 사람은 없다. 그중 어느 부분이 도드라져 보이느냐의 차이다. 나는 나약함과 강단을 적절하게 취합하기로 했다. 나약한 모습은 다독이고, 강단은 키우는 조화를 이루며 살 때 비로소 나다움을 완성해 나갈 거라 여긴다. |

질문하고 스스로 답을 찾는 행위는 생각과 삶의 밀도를 높이려는 노
력이지요. 자신의 정체성을 찾아가는 방법이라 생각합니다. 자문자답

하며 나를 알아갈 때 인생 마침표 잘 찍는 길도 알아내겠지요.

### (3) 두려움 없애기

나를 드러내는 글쓰기는 두렵기만 했습니다. 실패만 하고 내세울 것 없는 인생이었기 때문이지요. 발가벗고 무대 위에 서 있는 느낌이었어요. 수치감으로 자꾸만 움츠러듭니다. 그런 두려움 앞에선 글이 잘 써지지 않고 자괴감이 듭니다. "나는 왜 이리 부족한 것투성이 인간일까." 땅굴 파고 숨고 싶은 심정이었지요. 아마 잘난 모습만 드러내고 싶은 욕구가 있기 때문일 거예요. 있는 그대로의 나를 드러낸다는 게 얼마나 엄청난 용기인지 다시금 깨닫는 시간입니다. 두려움을 들여다보면, 남들이 내 글을 보고 비웃지 않을까 전전긍긍하는 모습이 숨어있지요. 남들의 평가를 무시할 만큼 뻔뻔해져야 합니다. 어쩌면 내가 의식하는 두려움은 허상일지도 모를 거란 최면을 걸 필요가 있어요. 그냥 과감하고 배짱 있게 쓰는 겁니다. 눈치 보지 않고 뻔뻔하게 드러낼수록 독자적인 나만의 글이 만들어질 거니까요. 이 세상에 나와 똑같은 사람은 없지요. 나만 나입니다. 독창적인 나의 내면을 보여 주는 글쓰기는 그래서 매력이 있습니다. 내가 나를 드러내는 글쓰기를 할 때 다른 이들과 차별화된 길이 생겨납니다. 그 길 위에 누군가 따라 걷는다면 그것만으로도 가치 있는 글이 되지 않을까요.

## 나를 드러내는 스토리텔링 전개 방식

사람은 각자 하고 싶은 이야기가 있지요. 표현하고 싶은 욕구가 얼마나 많을까요. 그 이야기를 풀어보세요. 이야기를 어떻게 전개해야 할지 막막할 때 '스토리텔링' 템플릿을 활용하는 방법이 있습니다. 스토리텔링을 적용하면, 한 편의 글을 쓸 때 재미있고 수월하게 술술 써지는 경험을 하게 될 거예요.

스토리텔링의 유형에는 실패에서 성공으로 갔던 경험 쓰기, 롤모델과 나와의 차이점을 비교하고 따라 하는 과정 쓰기, 과거의 나와 현재의 달라진 내 모습을 비교하고 쓰기, 예전의 내가 어떻게 생각하고 살았는지 등 관점을 전환하는 방법이 있습니다. 스토리텔링 템플릿은 다음과 같습니다.

① 주인공 : 내 인생이라는 영화에서 주인공은 바로 '나'이다.

　예시) 나는 말을 안 하고 살았다. 억울한 일이 있어도 말을 못하고 참기만 했다. 수줍음을 타는 내성적인 성격이 문제다. 속으로 곪아 터지는 유형이다.

② 목표 : 어려운 가운데서도 이루고 싶은 목표가 뚜렷하다.

　예시) 글을 쓰며 성격을 보완하고 치유의 경험도 한다.

③ 빌런 등장 : 인생은 순탄하지만은 않다. 온갖 방해 요소가 등장한다.

　예시) 어려움을 다 견디어 냈다 싶은 순간에 또 한 번 휘둘린다. 조카에게 큰돈을 대출해 주고 전전긍긍 고통스럽다.

④ 시련과 고통

　　예시) 상황이 비참하기만 하니 보여 줄 게 없었다. 실패뿐인
　　못난 나를 질책하며, 아무도 없는 곳으로 숨어버릴 궁리만 했
　　다. 내 존재가 사라진다 한들 세상 누구도 관심 두지 않을 것
　　이다.

⑤ 고군분투 : 시련과 고통을 이겨 내는 과정을 담는다.

　　예시) 나를 사랑할 사람은 오직 나 자신이다. 쓸모없는 삶을
　　추스르기 위해 글을 쓰기로 했다. 진정성 있는 글을 쓰기 위
　　해서는 나를 드러낼 수밖에 없다. 내가 오늘 한 줄 쓰는 행위
　　가 나를 사랑하는 방법의 최선이다.

⑥ 결말 : 고통을 딛고 좋은 결과를 맞이한다. 될수록 해피엔딩으로
　　연결하는 글쓰기를 하자.

　　예시) 그럼에도 불구하고 행복하기를 택했다. 오직 쓰는 일만
　　이 고통을 잊고 마음의 평안을 유지하는 길이다.


　스토리텔링은 어떤 사례를 가져와 나만의 관점을 덧입혀 새롭게 재구성하는 과정입니다. ①번부터 ⑥번까지 순서대로 한자리에 앉아 써 내려갈 수도 있습니다. 하지만 A4용지 두 장 가까운 분량을 일필휘지로 쓰기란 초보 작가로선 쉽지 않은 일이지요. 여섯 개의 단락으로 나누어서 하루 어느 때든 편한 시간에 씁니다. 한 단락씩 나누어 쓰면 부담 없이 접근할 수 있겠지요. 개별로 써둔 각자의 문단을 모아서 잘 배치하고 편집하면 한 편의 글이 완성될 거예요.

지금까지 나를 드러내는 글쓰기를 살펴보았습니다. 생각을 들여다보며 내가 누구인가 찾아 나서는 시간이었습니다. 글이 진정성을 가지려면 자신을 드러내고 보여줘야 합니다. 나를 꺼내놓을 용기가 있을 때 마음 근육도 단단해집니다. 더불어 회복탄력성이 높아지고, 자아효능감이 커집니다. 세상 그 어디에도 없는 나만의 이야기라는 자부심 가져보세요. 하찮은 인생이라 비하하거나 결코 부끄러워할 일도 아니지요. 저도 처음엔 비웃고 손가락질할 거라는 두려움에 망설였지만, 아무도 내 존재에 관심 두지 않는다는 것도 알게 되었습니다. 사람들은 내 이야기를 타산지석으로 삼거나, 현재 자신이 얼마나 행복한 사람인지 돌아보는 계기가 될 거예요. 그러니 나를 드러내는 용기는 선한 영향력을 나누는 일입니다. 과거의 상처와 아픔이 숨겨야 할 비밀일까요? 가슴에 담고 있지 말고 공개해보세요. 경쾌한 인생이 기다리고 있을 겁니다.

## 3-11 나를 발견하는 시간

황은희

글을 쓰고 배우고, 반복적으로 연습했더니 나를 발견하는 시간이 생겼습니다. 바로, 글 쓰는 걸 멈추지 않았기 때문입니다. 처음에는 무엇을 쓸지 몰라 힘이 들었습니다. 조금씩 변하는 내 모습이 보이니, 배우는 재미가 더 생겼습니다. 점차 어렵지 않았습니다. 내 안에 문제가 많다는 걸 알게 되었습니다. 내가 가진 게 별로 없다고 생각했었지만, 이미 가지고 있는 게 꽤 많았다는 것도 깨달을 수 있었습니다. 나를 드러내는 순간, 나를 발견하는 시간이 될 수 있습니다. 나를 발견하는 시간을 만드는 세 가지 방법을 소개합니다.

첫째, 하루의 감정, 생각을 일기로 써보세요. 자기만의 생각을 가장 세련되게 표현하는 방법이 글이라고 생각합니다. 가장 쓰기 쉬운 것이 일기입니다. 일기를 쓰는 것은 내면의 감정과 생각을 기록하는 훌륭한 방법입니다. 매일 정기적으로 일기 쓰며 본인 경험, 감정, 목표 및 생각을 기록으로 남겨둡니다. 이를 통해 자신의 성격, 감정 패턴이나 성장을 발견할 수 있습니다. 인생에서 가장 힘들고 의미 있던 과거의 경험을 쓰면 몰랐던 나를 발견할 때도 생깁니다. 글을 쓰면서 내 생각을 알게 되면 글 쓰는 재미를 가질 수 있습니다. 나를 발견 할 때 진짜 용기가 생깁니다. 남들에게도 당당히 드러내는 힘이 나타납니다.

둘째, 취미, 좋아하는 것에 대해 새로운 경험을 추구해 보세요. 취미나 좋아하는 것을 배울 때 성장하고 살아가는 의미를 찾을 수 있습니다. 새로운 경험을 적극적으로 추구하면, 자신을 더 잘 알 수 있습니다. 여행, 취미, 새로운 사람들과의 만남, 공부, 스포츠 등을 통해 다양한 경험을 쌓아보세요. 자기 계발 도서, 온라인 강의, 워크숍 등을 통해 자아 발견과 성장에 도움이 될 수 있는 정보를 얻을 수도 있습니다. 새로운 취미가 생길 수도 있으니, 두렵고 어려워 보이는 경험일지라도 한번 시도해보면 성취감과 재미를 느낄 수 있습니다. 몰랐던 자신을 발견하는 시간이 될 수 있습니다.

직장 외에 다른 취미를 가져 보는 것도 좋습니다. 이왕이면 좋아하는 걸 하면 더 좋겠죠. 어릴 적부터 해보고 싶던 거면 좋습니다. 거창하지 않아도 괜찮아요. 내가 하고 싶은 걸 선택해서 반복해 보세요. 보이지 않던 것들이 보이기 시작합니다. 그것을 따라가 보세요. 세상이 아름답게 보여요. 넘쳐나는 정보 속에서 선택 장애로 살 때도 있습니다. 이것도 생각하고 저것도 생각하지만 시도하지 않습니다. 왜 못 할까요? 실패의 두려움 때문에 선택하지 않기 때문입니다. 바쁘게 살다 보면 도전할 이유를 찾지 못합니다. 시간이 흘러보면 압니다. 회사 다니면서 시간을 만들어야 한다는 사실을요. 알고 나면 늦습니다. 왜냐하면 몸이 지쳐서 도전할 힘이 없거든요. 가면서 생각해야 합니다. 가면 길이 보입니다. 안 보이면 보일 때까지 가면 됩니다. 생각하지 마세요. 일단 질러보세요. 먼저 선택하지 않으면, 앞으로 갈 수가 없습니다. 말을 잘하고 싶었습니다. 항상 배우는 것에 관심을 가졌어요. 언젠가 향우회 야유회를 갔습니다. 자기소개를 해야 했습니다. 떨려서 입이 안 떨어지더라고요. 사회자도 자기 말만 하고 성중의 호응을 늘어내지 못하는 광경을 보니, 말하기를 제대로 배워서 청중에게 호응받을 수 있는 사회를 보고 싶어졌습니다. 그때부터 말하기에 관심을 가지게 되었습니다. 부부 싸움할 때도 아무런 말을 못 했습니다. 울기에 바빴거든요. 더 늦기 전에 도전하고 싶었습니다. 웃음 치료사에 도전했습니다. 봉사도 하고 싶었습니다. 웃음 봉사는 말을 잘해야 합니다. 웃음 치료보다 리더십 교육이 먼저겠다 싶었습니다. 처음 도전이었습니다. 도전은 특별하다고 생각했습니다. 말하기, 독서, 글쓰기를 함께 배웠습니다. 초등학교 때 일기 쓰기 외엔 글쓰기를 해 본 적이 없었습니다. 과제가 있었습니다. 난감했습니다. 처음엔 쓸거리가 없어서 세 줄 글쓰기부터 시작했습니다.

셋째, 자신을 위한 시간에 투자해 보세요. 나를 발견하는 시간이 필요합니다. 조급해하지 말고 꾸준하게 노력해야 합니다. 생각과 계획뿐만 아니라 행동을 통해 나를 발견하게 됩니다. 계획한 목표를 실천하고, 경험을 통해 배우는 것을 투자해야 합니다. 1인 3역을 하며 힘겨운 나날을 보냈습니다. 잔업을 하고 집에 오면 9시가 넘습니다. 그때까지도 남편은 집에 오지 않았습니다. 새벽녘에야 들어왔습니다. 마음의 상처가 곪아 터지고 있었습니다. 이렇게 삶을 지켜야 하나 고민하기에 이르렀습니다. 사라질까 하는 생각도 했습니다. 아이들과 친정엄마가 걱정되어 실행으로 옮기지는 못했습니다. 살기 위한 몸부림이 시작되었습니다. 좋은 글도 읽고, 유튜브 영상의 도움을 받았습니다. 변하고 싶었습니다. 무모한 도전을 해야 했습니다. 독서와 글쓰기 교육에 참여했습니다. 고등학교를 졸업한 지 30년이 지났습니다. 자신을 위해 투자해 본 적이 없었습니다. 오로지 나를 위한 시간을 만들어야 했습니다. 일요일 오후 시간을 배우는 시간으로 할애했습니다. 바쁜 회사 일정은 거짓말로 빼기도 했습니다. 처음엔 말하기가 어려웠습니다. 한두 번 거짓말 하니 한결 수월했습니다. 쉽지 않았지만, 최선을 다했습니다. 주제를 정하기 위해 글쓰기 과제를 먼저 해야 했습니다. 독서와 유튜브 영상을 참고하여 과제를 준비했습니다. 배움의 행복과 재미가 느껴졌습니다. 멈추기 싫었습니다. 멈추면 실패입니다. 계속해서 하면 뭐라도 될 거라고 하며 버텨야 했습니다. 지금껏 살아오면서 채우기만 했습니다. 항아리도 다 채워지면 비워야 더 좋은 것을 채울 수 있습니다. 우리 몸도 채우기만 하면 병들고 아픕니다. 우리네 삶도 똑같습니다. 채우기만 하면 상처로 곪아 터집니다. 비우고 덜어내야 채울 수 있는 공간이 생깁니다. 지난 일을 생각하니 남편한테 미안했습니다. 자기 맘대로 사는지 이해할 수 없었거든요. 글쓰기를 통해 나 또한 남편을 힘들게 했구나 싶어서 후회했습니다. 용서라는 글쓰기 과제에서 뒤통수를 맞은 기분이 들었습니다. 용서는 남이 나에게 하는 줄 알았습니다. 진짜 용서는 내가 나에게 하는 것이었다는 것을 깨닫게 되었습니다. 알고 보면 스스로 올가미에 가두고 혹사하며 살고 있었습니다. 기가 막힙니다. 얼마나 힘겹게 살았는지 모릅니다. 표현하지 않으면 상대는 알 수 없습니다. 표현에 서툰 사람이었고 안 해도 되는 줄 알았습니다. 사랑은 지켜주고, 무조건 기다려주는 거라고 합니다. 사랑을 모르고 살아 온 셈이죠. 사랑받지 못해서 사랑을 모릅니다.

우린 무수히 많은 도전을 하며 살아가고 있습니다. 첫돌 무렵부터 걸음마 연습을 합니다. 도전해야만 일어설 수 있습니다. 오천 번 넘어져야 걸음을 뗄 수 있다고 합니다. 지금까지 살면서 수많은 도전을 해봤습니다. 이것 해 보고, 저것 해 봤지만, 그만두고 버티질 않았습니다. 실패 속에서 덜 넘어지는 법을 배우고 있습니다. 발표를 위해 글쓰기부터 해야 했습니다. 주제에 맞게 책도 읽고, 유튜브 강의를 찾아 초안을 만들었습니다. 처음에는 책에 있는 그대로 옮겨 적기에 바빴고, 글을 훔치는 기분이 들었습니다. 발표가 잘 될 리가 없었습니다. 그래도 도전을 포기하지 않았습니다. 아주 조금씩 나아지고 있었기 때문입니다. 보람을 느끼게 되었습니다. 포기만 하지 않으면 할 수 있다는 걸 알게 되었습니다.

도전해 보세요. 재미있어요. 새로운 걸 배우는 즐거움은 말로 표현할 수 없이 행복합니다. 학교에서 가르쳐 주지 않는 걸 사회에서 배울 수 있습니다. 같은 목적의 사람을 만나면 함께 한다는 사실에 행복합니다. 처음에는 낯설고 어색합니다. 나에게 주어진 마지막 기회라고 생각하고 할 수 있는 만큼만 하세요. 못하면 어때요, 뭐라 할 사람 아무도 없습니다. 그냥 순간을 즐기세요. 멈추지 마세요. 우린 참 많은 선택을 하고 힘들면 포기하고 맙니다. 실패를 반복합니다. 그만둔 순간의 눈앞에 바로 성공이 있다는 사실을 모르고 포기합니다. 멈추지 않으면 실패가 아닙니다. 계속하고 있으니 말이죠.

# 4장

# 매일 쓰는 습관 만들기

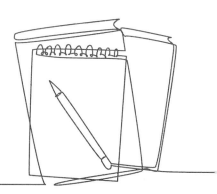

# 하루 30분의 기적, 반복의 힘

최근 집에서 5분 거리에 작은 사무실 하나 얻었습니다. 매일 출근합니다. 하루 이틀은 정신력으로 버텼습니다. 일주일 정도 되니까 "아!" 미치겠더라고요. 그래도 시작했으니 같은 시간에 나갑니다. 오늘 하루만 더 해보자 마음먹고 똑같은 행동을 했지요. 갈등하고 고민할 땐 죽기보다 싫었는데 아무도 걷지 않았을 새벽길을 걸으니 기분 좋았습니다. 오늘 할 일 생각하며 걷다 보면 어느새 사무실입니다. 습관이 이렇게 무섭습니다.

아이들 어느 정도 키운 친구가 일을 시작했습니다. 출근하고 일주일은 매일 전화해서 힘들어 죽겠다 하소연하더라고요.

"야! 너는 어떻게 몇십 년을 지치지도 않고 매일 출근했냐? 힘들다 야, 돈 벌기!"

목소리에서 피곤함이 배어 나왔습니다. 안쓰러웠지만 숙이에게 "그래도 한 달 지나면 월급으로 보상받잖아."라고 위로해 줬습니다. 하지 않던 일을 하면 처음에는 숨이 막힙니다. 견디기 힘들지요. 이걸 꼭 해야 하나 싶기도 합니다. 그러나 일주일, 한 달, 3개월 정도 지나면 습관적으로 그 시간 되면 몸이 움직입니다. 그러면서 습관으로 이어집니다. 살아야 하니까, 버텨야 하니까 참고 계속합니다.

낮엔 하루 평균 70여 명의 광고주와 상담합니다. 밤에는 글 쓰는 작가로 변신합니다. 처음에는 기억하고 싶은 날이나 사선 사고 등 이슈가 있을 때만 썼습니다. 그러다가 귀찮거나 힘이 들면 손에서 놨지요. 습관으로 만들기 어렵더군요. 금방 식는 냄비 근성에 약이 오르기도 했습니다. 남들과 비교하며 좌절했습니다. 일도 자기 계발도 척척 해내는 사람들을 보면 부러웠습니다. 또 하나, 기억력 좋다 자부하고 살았는데 시간이 지날수록 기억이 희미해지고 아예 머릿속에서 사라지니 아쉬움이 남았습니다. 글쓰기 책 쓰기 수업을 들으며 나를 기록하기로 했습니다. 강의를 들은 건 3년이 넘었고요. 쓰기 시작한 지는 2년째입니다. 남들 앞에 내세울 거라곤 없지만, 하루를 마감하기 전 매일 블로그에 글을 발행합니다. 누구에게 보여 주려 한 게 아니었습니다. '나'라는 사람이 이 세상에 왔다가 점 하나는 찍고 가야지 하는 생각으로 시작했습니다. 정신없이 보내다가도 하루를 마감할 때 끄적끄적하고 나면 머릿속도 정리가 되듯 개운해집니다. 때론 잊기 위해 쓸 때도 있습니다. 매일 꾸준하게 쓰는 습관을 만들기 위해 해온 세 가지 방법을 나누어 드리고자 합니다.

첫째, 반드시 하루를 넘기지 않습니다. 시간을 정합니다. 타이머를 맞추지요.

무슨 일이 있어도 밤 12시까지는 책상 앞에 앉아 뭐라도 끄적거립니다. 종일 글 쓰는 상상, 사건, 에피소드 등 생각날 때마다 끄적인 것을 블로그에 발행합니다. 일상에 관심 갖기 시작했습니다. 낙서한 종이를 보면서 오늘은 또 어떤 내용으로 글 한 편 써볼까 생각합니다. 일할 때 광고주와의 상담 내용, 아이들과 지지고 볶는 상황도 쓰고, 출퇴근 길에 만나는 사람, 신호등, 문득 쳐다본 하늘, 구름, 새 등도 썼습니다. 습관이 되어 있지 않으면 귀찮고 하기 싫습니다. 핑계와 변명 찾기에 바쁩니다. 제가 그랬으니까요. 그런 날은 한 줄 또는 세 줄만 쓰고 마무리할 때도 있습니다. 티가 나도 넘어갔습니다. 쓰기 싫고 꾀가 나도, 쓰고 나면 뿌듯했습니다. 머릿속에 담아 둘 필요도 없어 한결 가벼워집니다. 나중에 필요할 때마다 꺼내 볼 수 있으니 나름 괜찮더라고요.

둘째, 한 페이지 독서, 드라마 명대사, 좋아하는 가수가 부르는 노랫말에서 와닿는 문장을 노트에 기록합니다.

책 수집은 하되 독서를 치열하게 하지는 않았습니다. 바쁜 와중에 활자를 읽는다는 것이 쉽지 않았고 이해되지 않을 때도, 재미없을 때도 많았습니다. 드라마, 영화를 보더라도 기록할 생각을 하지 못했습니다. 음악에 맞춰 흥얼거리며 따라 부르기는 해도 가슴 찡한 내용을 듣고 써볼 생각은 하지 않았습니다. 다른 사람들이 챌린지 등을 통해 매일 뭔가를 할 때도, 필사, 독서 노트 작성, 일기 쓰기 등을 하더라도 관심 두지 않았었습니다. '하루 30분, 기적 만들어 볼까?' 생각하고 독서하면서 와닿았던 문장, 드라마 속 기억하고 싶은 명대사, 노래 가사 등을 노트에 끄적끄적 적어보았습니다. 다음이 궁금해졌습니다. 다른 사람들에게 나 이렇게 하고 있네, 자랑도 하고 싶었고요. 가장 좋았던 건 노트에 글로 쓴 성과물이 눈으로 보이니 뿌듯했습니다. '나도 할 수 있는 사람이었네. 잘했다, 김미에!' 머리를 식히기 위해 드라마를 보면서 나도 모르게 드라마 속 대사, 노랫말 등을 적고 있었습니다. 직원들의 대화 속 이야기도 받아 적습니다. 평온해집니다.

셋째, 다른 사람에게 내가 만난 좋은 문장, 내용 등을 전해주겠다는 마음으로 씁니다.

아이를 키우는 엄마입니다. 일하는 직장인이기도 하고요. 글을 쓰는 작가이기도 합니다. 좋은 것은 나누어 주고 싶고 속상한 일은 보듬어 주고 싶고 힘들 땐 위로받기 위해 노트에 적습니다. 누군가에게 나누어 주겠다는 마음으로 쓰다 보면 모든 순간이 귀합니다. 그냥 지나치기 아깝습니다. 눈에 보이는 것, 안타까워 타이르고 싶을 때, 또는 고개 떨구고 있는 사람에게는 말없이 내 어깨를 내어주고 싶습니다. 그러다 보니 자연스럽게 쓰는 날이 많아졌고 매일 한 편의 글을 쓰는 사람이 되었습니다. 각자 나름의 노하우를 가지고 있겠지요. 글로 남기면 나도, 타인에게도 도움이 된다는 걸 쓰면서 알게 되었습니다.


습관 만들기. 힘들었습니다. 하다 보니 몸이 알아서 움직이더라고요. 루틴을 만들고 습관으로 자리 잡을 수 있도록 노력했습니다. 하기 싫어도 했고, 귀찮아도 뱉은 말이 있기에 지켰습니다. 기를 쓰고 해보겠다 시도했습니다. 시간이 흐르니 습관이 되고 어느새 당당한 내가 서 있었습니다. 반복하는 습관으로 자신을 증명하면 좋겠습니다. 시간이 약이 되었고요. 정해진 시간, 모든 것에 관심을 가지고 매일 행동하니 좋은 습관으로 자리 잡았습니다. 도전한 덕분입니다.

　아직도 두렵다고요? 실패할까 무섭다고요? 실패하면 좀 어떻습니까. 다시 시작하고 계속하고 쌓아가면 두려움은 사라집니다. 그 실패 습관 모아 책으로 쓰면 되고요. 습관으로 만들어 가는 과정 또한 나를 단단하게 만드는 디딤돌이 될 수 있을 테니까요. 매일 쓰는 습관이 기적이 됩니다. 하루 30분! 나를 강하게 만듭니다. 매일 반복하는 일이 '나' 자신입니다.

# 글데렐라, 김위아

You are what you eat. (당신이 먹는 것이 곧 당신이다.)

이 문장, 무서워요! 내가 반복하는 동작이 나를 만든다는 의미거든
요. 축구선수는 공차는 연습을 반복하고요. 피아니스트는 건반을 쉴
새 없이 누릅니다. 요리사는 불 앞에서 살다시피 하죠. 그럼, 작가는
요? 쓰는 사람입니다. 행동을 반복하면, 정체성이 뚜렷해져요. 매일 쓰
면, 작가로서 당당해집니다.

습관에 관심 많은 독자라면, '찰스 두히그'를 아실 거예요. 『습관의
힘』 저자입니다. 책에서 키워드 세 개를 꼽는다면요. 신호, 반복된 행
동, 보상입니다. 3단계 과정을 반복하면 행동이 자연스러워져요. 때가
되면 밥 먹는 것처럼요.

글 쓰는데 적용해 봤어요. 일단 앉습니다. 노트북 주위에 있는 물건
을 모두 치웁니다. 책상과 키보드도 깨끗이 닦아요. 뇌에 보내는 신호
예요. '지금부터 글 쓸 거야.' 별것 아닌 것 같지만, 몇 분간의 리추얼이
기분 좋게 키보드를 두드리게 합니다. 다 마치고 나면, 자신에게 선물
하세요. '잘했어!' 칭찬도 좋고요. 음악과 함께 산책도 괜찮아요. 적절

한 보상이 있어야 꾸준히 쓰고 싶어지겠죠.

소미 씨에겐 어떤 신호가 있나요? 달리기 선수는 출발 신호를 받으면, 1초도 망설이지 않고 달려 나가죠. '달릴~까 말~까, 달릴~까 말~까' 고민하는 사람 봤어요? 우리도 그러자고요! 글쓰기 선수가 되기 위해 매일 이런 걸 해보면 어때요?


## 블로그 하루 한 포

2020년 7월, 첫 책을 출간했습니다. 작가가 되기로 마음먹었을 때 가장 먼저 한 것은요. 2019년 10월에 '블로그 하루 한 포' 과정을 시작한 거예요. 하루에 포스팅 하나를 올리는 습관 프로젝트였습니다. 총 16주 참여했어요. 그때 지은 별명이 '글데렐라'예요. '글 쓰는 신데렐라' 줄임말입니다. 신데렐라가 자정이 되면 변신하듯, 밤 열두 시가 되면 예비 작가의 옷으로 갈아입었어요. 닉네임을 몇 차례 바꾸었는데요. 글데렐라에 가장 애착이 가요. 작가의 꿈을 품고 매일 썼던 김위아가 대견해서요.

블로그는 글쓰기 연습장입니다. 소통의 장이고요. 이웃끼리 댓글로 이야기 나눌 수 있어요. 게시글 읽고 피드백도 주고받습니다. 마감 시간을 정해서 긴장감도 주고요. 어떤 글이 인기 많은지 통계로 확인할 수 있어요. 쓸거리 고민하는 이들에게 '블로그씨'가 글감을 줍니다. 사람한테 깨지고, 아프고, 못 쓰는 내가 한심스러울 날엔 키워드 몇 개라도 적어서 비공개로 발행합니다. 핑계 대며 하루 건너뛰고 싶은 날에는 나를 설득해요. '시간 없다고? 바빴던 일상만큼 좋은 글감은 없어. 일이 많았으니, 쓸거리도 넘치겠네. 컨디션이 별로야? 아프면, 건강의 소중함을 평소보다 잘 느끼잖아. 그런 감정을 남아 봐. 쓰다 보면 기분이 풀리잖아. 잘 쓰고 싶다고? 한두 살 된 아기가 잘 못 걷는다고 흉보는 사람은 없어. 일어났다 주저앉기를 수없이 반복하다 걷는 거야. 서툰 건, 초보 작가가 누릴 수 있는 특권이지.'

365일 중에, 시간 많고 컨디션 좋고 잘 써지는 날이 며칠이나 될까요? 하루 이틀 미루면, 양어깨에 돌덩이만 주렁주렁 매달려요. 먼저 써 버려야, 가벼워져요.


## 오늘은 어떤 템플릿?

철근이 빠진 '순살 아파트' 기사를 읽었습니다. 건물이 무너져서, 원인을 알아보면 철근 구조물이 부족해서였습니다. 출간 과정도 건물 세우는 것과 같아요. 책이라는 건물을 완성하려면 구조를 탄탄히 세워야 합니다. 이은대 작가가 쓴 『글쓰기 템플릿 21』을 참고해서 글감에 하나씩 적용합니다. 오늘 주제는 '예술은 행복의 필수 조건이니 매일 곁에 두세요' 입니다. '행복 추구형' 템플릿이 가장 어울리겠어요.

* 기분 좋은 상상: 365일 예술과 함께 하는 삶, 얼마나 풍요로울까요?
* 추구의 타당성: 일상에서 예술을 즐기면 행복의 밀도가 높아집니다.
* 실천 사항: 쉽고 재밌는 예술 책 한 권 먼저 읽어 보세요.
* 어려움 극복: 혼자서 지속하기 어려우면, 독서 모임 추천해 드려요.
* 응원의 메시지: 방구석 아티스트가 되는 순간, 행복이 다가갑니다.

구체적인 경험담과 메시지를 덧붙이면 글 한 편이 완성됩니다. 40편 쓰면 책이 되고요. 로마는 하루아침에 이루어지지 않았듯, 글쓰기도 어느 날 갑자기 완성되진 않아요. 어떤 템플릿으로 써볼까 즐거운 고민으로 하루를 시작해 보세요. 매일 하는 게 어쩌다 한 번 하는 것보다 더 쉬워요.


## 독서 노트와 후기 쓰기


병렬 독서를 좋아합니다. 다양한 장르의 책을 같이 읽으면 지루하지 않아요. 『세이노의 가르침』을 읽고 바로 『오만과 편견』을 펼쳤는데, 조금 전 읽은 내용이 나오잖아요? 읽는 재미가 더 컸습니다. 경제경영, 예술, 낭독, 건강 모임에 참여하며 독서 노트를 써 오고 있어요. 매일 단톡방에 인증하며 좋은 구절과 느낀 점을 남깁니다. 기록이 모여 책이 되었습니다. 2023년 7월에 출간한 『예술과 1센티 가까워지기』는 모임에서 썼던 예술 일기에서 출발했어요. 단톡방 댓글도 글감으로 활용했습니다. 경제 스터디에서 쓴 노트도 전자책으로 출간할 예정이랍니다.

자기 계발을 위해 마케팅 세미나와 리더십 수업에 참여합니다. 강의를 듣고 나면, 후기를 남기는데요. 매번 300자 이상씩 썼고요. 수십 개가 쌓였습니다. 평상시 써두었던 글이 있으면, 분량 걱정 덜 수 있겠지요? 강의나 배달의 민족 앱에 후기 쓸 일이 있다면 소금만 더 성성을 담아 보세요. 일상에서 글을 나누는 건, 상대방과 나 모두에게 가치 있습니다. 취미 커뮤니티에 가입해서 댓글로 소통해 보세요. 부담 없이 글 쓰는 습관을 들일 수 있어요. 글은 말하듯 힘 빼고 쓰는 겁니다!

때론 반나절 앉아 있어도 한 줄도 못 썼습니다. 2시간 안에 두 장 끝낸 적도 있고요. 중요한 건 잘 써지는 날, 그렇지 않은 날 가리지 않는 겁니다. 학생은 매일 학교에 가고 싶을까요? 아니죠! 싫어도 갑니다. 직장인은 어때요? 아파서 하루 쉬고 싶은 날도 출근합니다. 각자가 본분에 맞게 살아가듯, 작가도 그래야겠지요. 수첩에 끄적이든, 키보드를 두드리든, 휴대 전화에 메모하든 모두 좋습니다. 출간이라는 열매만 바라보면, 기쁨은 한 번만 느낍니다. 과정을 즐기면 오늘도 행복하겠지요? 출간보다 가치 있는 것은 노력했던 매 순간입니다. 독자와 나를 위해 좋은 마음으로 좋은 글을 매일 쓰기로 해요.

You are what you write! 당신이 쓰는 것이 곧 당신입니다!

# 꾸준히 글을 쓰게 만드는 힘

매일 글을 써서 블로그에 올리는 작가가 있습니다. 어떻게 저렇게 매일 할 수 있는지 대단하다는 생각이 듭니다. 매일 지속하기가 쉽지는 않습니다. 꾸준히 하기 위해서는 목표가 있어야 합니다. 운동을 배울 때 목표를 정합니다. 골프를 배운다고 하면 언제까지 몇 타를 치겠다고 계획을 세웁니다. 막연하게 하려고 하면 하다가 중단할 수도 있습니다. 글쓰기도 마찬가지입니다. 계속하기 위한 목표를 정합니다. 처음부터 무리하게 하지 않고 하나씩 도전해 봅니다. 매일 한 줄 쓰기, 일주일 동안 빠지지 않고 쓰기 등 작지만 달성할 수 있는 것부터 정합니다.

목표를 정하기 전에 필요한 것이 있습니다. 글쓰기에 대한 부담을 내려놓는 것입니다. 잘 써야겠다는 마음을 비웁니다. 내 생각을 자유롭게 쓴다는 편안한 마음을 가집니다. 글을 잘 쓰려고 고민하면 쓰기가 어렵습니다. 일단 마음을 내려놓아야 합니다. 그냥 한 줄이라도 오늘 써야지 하고 써봅니다. 재미도 중요합니다. 어린 시절 종일 밖에서 뛰어놀던 순간을 떠올려 봅니다. 시간 가는 줄 모릅니다. 그냥 즐겁고 행복합니다. 글쓰기도 나만의 재미를 찾으면 꾸준히 쓸 수 있게 하는 힘이 됩니다.

꾸준히 글쓰기를 하면 어떤 효과가 있을까요? 마음속 생각을 볼 수 있습니다. 일상을 기록으로 남길 수 있습니다. 지나간 시간을 기록해서 서상합니나. 매일 한 줄이라도 쓰기 위해서는 시간을 징합니다. 아침, 점심, 저녁, 잠자기 전 글 쓰는 시간을 만들어야 합니다. 지치지 않고 쓰려면 누군가 내 글을 읽어주고 응원해 주는 것도 도움이 됩니다. 일기장에 쓰는 나만의 글은 보여 주기 어려울 수 있습니다. 블로그에 글을 써서 올리면 됩니다. 혼자만 읽어야 할 내용은 비공개로 하면 됩니다.

저도 매일 글을 쓰는 것이 쉽지 않았습니다. 며칠 쓰다가 하루, 이틀 쓰지 않는 날도 있었습니다. 한 번 글을 쓰지 않게 되면 계속 안 쓰기도 합니다. 지속할 수 있는 도구가 필요했습니다. 블로그에 매일 글을 쓰고 있습니다. 글을 올리면 아는 분들이 와서 공감도 해주고 댓글도 써 줍니다. 글 쓰는 재미가 있습니다. 혼자 꾸준히 글쓰기가 힘들면 블로그에 쓰는 것도 좋은 방법입니다. 다른 사람의 블로그도 방문해서 글을 읽고 댓글도 남깁니다. 읽기와 쓰기를 같이 할 수 있습니다. 저도 처음에는 블로그를 어렵게 생각했습니다. 블로그에 글을 잘 쓰는 분들이 많습니다. 시간이 많이 필요한 일이라고 생각했습니다. 쓸 엄두가 나지 않았습니다. 쉽게 쓰는 방법을 배웠습니다. 일단 블로그에 들어가서 내가 하고 싶은 말을 쓰면 됩니다. 오늘 일어난 일, 내가 보고, 듣고 경험하는 일상, 내 생각을 그냥 편하게 씁니다. 쓰고 나서 다시 제 글을 읽어 봅니다. 내 얘기를 썼기 때문에 다시 읽어 보면 제 글이 재미있습니다.

오늘 블로그에 글 한 편을 쓴다고 가정해 보겠습니다. 저는 요즘 할 일이 많습니다. 일이 많을 때 어떻게 처리해야 할지 생각합니다. 일이 많아서 스트레스도 있습니다. 많은 일, 처리 방법, 스트레스 세 가지 키워드로 글을 한 편 씁니다. 지금 글을 쓰고 있는 시점이 여름입니다. 여름에 관한 글을 쓴다고 생각해 봅니다. 거리에 보이는 사람의 모습, 양산을 쓴 사람, 뜨거운 햇빛에 인상을 쓰는 사람, 밖에 나갔다가 시원한 곳으로 왔을 때 즐거움, 시원한 음료를 마실 때 느낌 등등 보고 경험한 것을 쓸 수 있습니다.

몇 년 전 아침에 글 쓰는 모임에 참여했습니다. 6시에 줌(Zoom)에 접속합니다. 시작하기 전 잠깐 얘기를 나눕니다. 5명의 모르는 분들과 글을 씁니다. 저는 출근 준비를 합니다. 30분 동안 쓰고 먼저 나옵니다. 한 달 동안 평일에 매일 썼습니다. 20개의 글이 모였습니다.

마라톤에는 러닝메이트와 페이스메이커가 있습니다. 대회를 준비하는 동안 끝까지 함께 하는 사람은 러닝메이트입니다. 페이스메이커는 우승 후보를 위해 30km까지 함께 뜁니다. 혼자서 글쓰기 습관을 잡기 어려운 경우 함께하는 사람들을 만나서 하는 방법도 있습니다.

글쓰기는 혼자서 하는 작업입니다. 누가 대신해 줄 수 없습니다. 일단 쓰려는 생각이 중요합니다. 계속 써야겠다는 생각으로 꾸준히 지속하려고 노력합니다. 습관이 갑자기 생기진 않습니다. 마음먹은 대로 잘 안될 수도 있습니다. 살을 빼기 위해 운동을 시작하는 사람이 있습니다. 식단 조절도 함께합니다. 지속하기 쉽지 않습니다. 오늘은 피곤해서, 회식이 있어서, 비가 와서, 어제 너무 무리해서, 안 하려고 하면 이유는 끝도 없습니다. 헬스장 입구까지 가는 게 제일 힘듭니다.

글도 쓰지 않을 핑계는 많습니다. 오늘 쓸 애기가 없어서, 시간이 없어서, 쓰기 싫어서 등 하지 않으려고 생각하면 안 하는 이유만 있습니다. 하려고 하면 할 방법을 찾습니다.

저는 시간을 정하고 매일 쓰고 있습니다. 점심시간을 활용합니다. 점심을 먹고 오면 30분 정도 시간이 있습니다. 짧은 시간이지만 평일에는 매일 씁니다. 점심시간이 길어져서 시간이 없을 때도 있습니다. 잠들기 전 글을 씁니다. 쓰겠다고 생각하면 쓰는 방법을 고민합니다.

처음엔 글 쓰는 습관을 기르기가 쉽지 않았습니다. 써야겠다는 마음만 있고 어떻게 할지 방법을 몰랐습니다. 몇 번 쓰다가 안 쓰기도 했습니다. 다시 쓸 수 있게 만든 힘을 얻었습니다. 매주 자이언트 책 쓰기 수업을 듣습니다. 수업 중 들은 내용입니다. "글 쓰다가 멈추면 다시 쓰면 됩니다. 자신에게 야단치지 말고 지금까지 쓴 자신을 칭찬해주세요." 생각을 바꿨습니다. 왜 글을 안 쓰냐가 아니고 다시 시작하겠다고 마음을 먹었습니다. 습관을 유지하지 못한다고 혼내지 않고 잘하고 있다고 격려했습니다. 나를 위한 선물도 준비합니다. 먹고 싶은 음식을 정합니다. 저는 초밥을 좋아합니다. 초밥을 먹기 위해 목표를 정합니다. 10일 동안 매일 쓰기를 정했습니다. 달성하면 주말에 아내와 같이 가서 먹습니다. 좀 더 비싼 특별한 메뉴를 먹습니다.

매일 글을 씁니다. 짧은 글이라도 쓰려고 합니다. 욕심내지 않고 한 줄이라도 쓰는 습관을 유지하려고 합니다. 이렇게 써 놓은 글은 저의 기록입니다. 언제든지 볼 수 있습니다. 어렵게 생각할 때는 어려웠습니다. 커다란 바위처럼 느껴졌습니다. 계속 쓰니까 바위 크기가 점점 줄어듭니다. 작게 시작하는 글쓰기 습관으로 성장하고 있는 내 모습을 볼 수 있습니다.

꾸준히 글을 쓰려고 노력하고 있습니다. 글쓰기 전, 후 삶이 달라졌습니다. 쓰기 전에는 똑같은 하루가 반복된다고 생각했습니다. 자신을 돌아보는 시간이 없었습니다. 걱정이 많았습니다. 하루가 끝나면 내일 할 일을 걱정했습니다. 글쓰기를 시작하고 걱정하는 시간이 줄었습니다. 매일 다른 하루를 만납니다. 제가 쓴 글을 읽고 쓰고 반복합니다. 글을 쓰면 내 감정과 생각을 볼 수 있습니다. 글을 계속 쓰는 이유를 알 수 있게 되었습니다. 멋진 글을 쓰겠다는 욕심을 버렸습니다. 보고 듣고 느낀 일상을 기록합니다. 머리에 있던 생각이 밖으로 나오면서 정리됩니다. 밖에 나온 생각은 나를 더 성장하게 하는 힘이 됩니다.

사라지는 생각이 기록으로 남습니다. 한 번뿐인 인생, 살아있는 동안 꾸준히 글을 쓰고 기록을 남기려고 합니다.

# 습관을 만드는 환경 설정

　매일 글을 쓰고 싶었다. 그러나 쓰지 못했다. 글을 쓰는 습관이 없었기 때문이다. 어떤 날은 신나서 두 페이지를 적었다. 다른 날은 한 줄도 적기 어려웠다. 글을 쓰는 게 들쑥날쑥했다. 글을 쓰려고 책상 앞에 앉기까지 한참 걸렸다. 간신히 책상 앞에 앉아서도 집중하지 못했다. 무엇을 쓸까 고민하다가 갑자기 핸드폰을 본다. 카카오톡 채팅이 온 게 있나 확인한다. 인터넷도 켰다. 메일도 확인하고, 쇼핑한다. 글을 쓰려고 했던 것은 까맣게 잊었다. 결국 글을 쓰지 못하고 컴퓨터를 껐다.

　이랬던 내가 달라졌다. 매일 글을 쓰고 있다. 책상 앞에 앉아 하루 있었던 일을 생각나는 대로 적고 메모한다. 메모한 내용을 보고 정리해서 몇 줄 적어본다. 많이 쓰는 날도 있고 조금 쓰는 날도 있다. 분량은 매번 다르다. 중요한 것은 매일 쓴다는 사실이다. 글을 쓰니 하루를 잘 살았다는 만족감을 느낀다. 하는 것도 없이 하루가 갔다고 생각했다. 글로 써보니 생각보다 내 하루가 알차다. 나는 생각보다 잘살고 있다. 매일 성장하고 있음을 느낀다. 글을 쓰면서 생각이 달라졌다. 내 삶이 점점 좋아진다.

　꾸준하게 글을 쓰게 된 계기는 자이언트 북 컨설팅에서 글쓰기 수업을 들으면서였다. 어느 날 독서 모임을 하는 중이었다. 근황을 이야기하다 멤버들이 하나 같이 이은대 작가의 글쓰기 수업을 추천했다. 내가 참여하고 있는 오픈 채팅방에서 이은대 대표가 글쓰기 특강을 한적이 있었다. 나는 그 강의를 듣지는 않았다. 광고는 눈여겨봤기 때문에 글쓰기 수업을 알고 있었다. 주저하지 않고 수업을 신청했다. 무슨 바람이었는지 글을 써보고 싶은 마음이 생겼다. 글쓰기 수업에 참여하면서 내 삶을 글로 적는 것에 관심을 가지게 됐다. 마침 임신 중이기도 해서 태교 일기를 적기 시작했다. 이후로 일기, 블로그, 육아일기 등 다양하게 글을 쓰기 시작했다. 수업을 들은 처음부터 글쓰기가 습관화된 것은 아니다. 글공부를 계속하면서 노력하다 보니 매일 쓸 수 있게됐다. 글 쓰는 습관을 들이기 위해 내가 사용한 세 가지 방법을 소개하겠다.

　첫째, 왜 글을 쓰는지 생각한다.
　직장 생활을 할 때 가장 하기 싫었던 일은 시키는 대로 하는 일이었다. 왜 해야 하는지 물어보면 아는 사람은 아무도 없었다. 예전부터 이렇게 해왔기 때문에 별다른 이유는 없다고 할 때 답답했다. 어떤 때는 참담함을 느끼기도 했다. 그래서 나는 그 일을 왜 해야 하는지 의미를 생각했다. 스스로 의미를 부여하고 나니 일이 재미있었다. 가치가 있는 일이라 생각되니 보람을 느꼈다. 글을 쓸 때도 이와 마찬가지다. 왜 글을 써야 하는지 생각해 본다. 나의 하루를 기록으로 남기기 위해, 다시 같은 실수를 반복하지 않기 위해, 다른 사람에게 도움이 되기 위해 등 글 쓰는 이유를 만들 수 있다. 글을 쓰는 동기가 명확할수록 꾸준히 글을 쓰는 데 도움이 된다. 나는 성장하는 내 모습을 기록하고 싶어 글을 쓴다. 나같이 평범한 사람이 달라지는 모습을 보고 다른 사람에게 동기부여가 되었으면 좋겠다.

둘째, 글쓰기 목표를 정한다.

막연하게 글을 쓰겠다고 생각하는 것은 실천할 확률이 낮다. 수치화된 목표를 갖는 게 좋다. 예를 든다면 이런 것이다. 블로그에 하루 한 개의 포스팅을 작성한다. 매일 세 줄 일기를 쓴다. 하루 십분 글을 쓴다. 수치화된 목표를 가지면 우리 뇌가 활성화된다. 뇌는 숫자를 좋아하기 때문이다. 목표를 정하면 실천하게 될 확률이 높아진다. 내가 되고 싶은 모습을 목표로 정할 수도 있다. 나는 매일 글을 쓰는 사람, 나는 작가, 나는 글쓰기로 하루를 시작하는 사람과 같이 자신을 규정하는 것이다. 내가 어떤 사람인지를 정하고 나면 행동하기가 쉬워진다. 어떤 일을 할지 말지 고민할 필요가 없다. 내가 생각하는 기준에 맞춰 행동하면 되기 때문이다. 나는 매일 십 분간 글을 쓰는 게 목표다. 내 책상에는 나는 매일 글을 쓰는 작가라고 포스트잇에 써서 붙여놨다. 포스트잇을 본다. 내 정체성을 확인한다. 그리고 글을 쓴다. 처음에는 목표를 낮게 잡는다. 매일 세 줄 쓰기, 하루에 포스팅 하나, 하루 십 분 글쓰기로도 충분하다. 글쓰기가 습관이 되면 자연스럽게 목표를 넘어설 수 있다.

셋째, 같이 쓰는 사람을 만든다.

의지가 좋아 혼자서 할 수 있는 사람은 거의 없다. 그런 사람은 글을 잘 쓸 것이다. 동기부여나 자극이 있다면 매일 쓰는 습관을 갖는 게 너 쉬워진다. 주변에서 같이 할 수 있는 사람을 찾아보자. 함께하면 더 멀리 갈 수 있다는 말이 있다. 같이 하면 실천력이 높아진다. 사 년째 참여하고 있는 독서 모임이 있다. 혼자 책을 읽었다면 하기가 어려웠을 것이다. 같이 하다 보니 매년 25권씩 함께 읽고 있다. 만약 주변에 같이 할 사람이 없는가? 그렇다면 더욱 좋다. 챌린지에 참여해 보자. 챌린지는 어떤 목표를 두고 여럿이 함께하는 프로그램이다. 같은 관심사를 가진 사람끼리 모이니 에너지가 좋다. 좋은 사람들과 챌린지를 통해서 동기부여가 되니, 자연스럽게 글 쓰는 환경이 될 수밖에 없다. 특히 다른 사람들이 결과물을 인증할 때 효과가 있다. 내가 아직 인증하지 않았다면 압박감이 작용한다. 나도 얼른 써서 인증해야겠다고 생각하고 하게 된다. 프로그램마다 다르겠지만 참가비와 보증금이 있다. 인증하지 않으면 보증금에서 금액이 차감된다. 보증금을 나중에 환급받으려면 열심히 할 수밖에 없다. 글쓰기 챌린지에 참여한 적이 있다. 오십 일간 매일 글을 쓰는 프로그램이었다. 글을 써서 단체채팅방에 공유한다. 채팅창에 올라온 작가들의 글을 읽는다. 응원과 격려를 해주고 받았다. 동기부여가 돼서 오십 일간 글쓰기를 지속할 수 있었다. 글을 잘 쓰고 못 쓰고는 중요하지 않다. 꾸준히 쓰면서 글 쓰는 습관을 들이는 게 중요하다. 혼자 하는 게 자신 없다면 같이 쓰는 환경을 만들면 된다.

글쓰기도 결국은 습관이다. 처음에는 내가 습관을 만들기 위해 노력한다. 하지만 습관이 쌓이기 시작하면, 습관이 나를 만든다. 나 역시도 매일 쓰는 것은 쉽지 않았다. 그래서 매일 쓰는 습관을 만들기 위해 노력했다. 왜 글을 쓰고 싶은지 생각한다. 글쓰기 목표를 정한다. 같이 쓰는 환경도 만들어 둔다. 글 쓰는 게 자연스러운 일이 된다. 어느 순간부터는 무의식중에 손이 움직였다. 책상 앞에 앉아 글을 쓰고 있는 나를 발견할 수 있었다. 좋은 습관을 지닐 수 있게 제대로 된 환경을 설정하자. 좋은 습관이 절로 만들어질 것이다.

# 마음먹으면 마법이 이루어진다

매일 써야 한다. 꾸준히 써야 한다. 글을 쓰는 사람이라면 백번 공감하는 말이다. 써야 실력이 는다. 쓰지 않고 읽기만 해서는 안 된다. 쓰는 사람에게 글 쓰는 시간은 운동선수가 운동하는 것과 같다. 운동선수들은 경기를 위해 하루도 쉬지 않고 준비한다. 꾸준히 운동하며 최고의 컨디션을 만든다. 나는 운동을 잘 못한다. 잘하고는 싶다. 막상 운동을 시작하면 조금만 해도 지친다. 견뎌 내야 한다는 것을 잘 알고 있지만 쉽지 않다. 금방 포기해 버리게 된다. 운동선수들이 경기장에서 시합하는 모습을 보면 열정적이다. 나도 저렇게 운동 잘하고 싶다는 생각이 든다. 시작하며 바로 포기했던 것을 생각지도 않고 말이다.

글쓰기도 마찬가지다. 작가들의 책을 읽다 보면 잘 써진 문장들이 한순간에 내 마음을 앗아간다. 그 문장들을 몇 번이고 읽어 본다. 나도 저런 문장 쓰고 싶다. 노트에 적어 보며 부러워할 때 많다. 작가들의 보이지 않는 수고를 생각하지 않을 때는 그랬다. 그저 수려한 문장에 마음이 두근거렸다. 책을 쓰는 순간들을 맞이하며 알게 되었다. 세상에 책이 나오기 위해서는 수없이 고쳐 쓰기를 한다는 것을 말이다.

퇴고하지 않고 나오는 책은 없다. 작가들은 머리를 싸매고 더욱 적확한 표현을 찾고자 애쓴다. 독자에게 더 좋은 메시지를 주기 위해 다듬고 다듬는다. 이런 과정이 없다면 좋은 책도 없을 것이다.

습관이 무서운 거다. 나도 모르게 자연스럽게 된다. 습관만 제대로 들여놓아도 걱정 없다. 지금 당장 하지 않더라도 어느새 하고 있을 것이다. 습관이란 처음 만들기 어려운 만큼 버리기도 어렵기 때문이다. 글쓰기를 위해 어떤 습관이 들면 좋을까. 우선은 읽는 습관을 만들어야 한다. 글자를 쓰려면 글자를 읽어야 한다. 문장을 읽다 보면 문장을 쓰기도 좋다. 한 단락씩 쓰기가 수월해지는 것을 느낀다. 많이 읽어야 잘 쓰게 된다는 말은 진리다. 책을 읽다 보면 작가가 궁금하다. 어떤 사람이 이런 글을 썼을까. 어떤 환경에서 자란 사람이 이런 글을 썼을까. 궁금하기도 하고 그 작가처럼 해보고 싶은 마음도 든다. 내 주변에 늘 책을 두면 좋겠다. 고개를 돌려 여기저기 둘러봐도 책이 놓여있다면 더욱 좋겠다. 책이 친구이고 선생님이기에 늘 곁에 두며 읽어 보고 따라 해보고 싶어지길 바란다.

쓰는 것이 편안해져야 한다. 문법에 맞지 않는 글이라고 못 쓴 글이 아니다. 무조건 정확하게 써야 한다는 고정관념에서 벗어나야 한다. 편안하게 자주 써야 글이 늘기 때문이다. 습관을 들이려면 마음이 우선이어야 한다. 어렵다 힘들다는 마음에서 벗어나야 습관을 들일 수 있다. 편안함이 묻어나도록 해야 한다. 사람 관계도 그렇지 않은가. 만났을 때 기분이 좋고 편안한 마음이 든다면 또 만나고 싶을 것이다. 대화했을 때 마음이 푸근하면 또 대화하고 싶기 마련이다. 불편한 마음을 느끼면서 함께 하고 싶은 사람은 없을 것이다. 우선 마음이 편안해지도록 해주어야 한다.

글쓰기 쉽지 않다. 시간을 내어 자리에 앉는 것부터 힘들다. 노트북을 켜고 손가락을 키보느에 올리는 섯부터 바로 뇌시 않는나. 종이 한 장 꺼내어 끄적이며 적어 보는 것도 습관이 들어있지 않다면 어렵다. 종이든 노트북이든 쓰려면 우선 마음이 움직여야 한다. 마음이 가도록 하려면 어떻게 해야 할까. 즐거워야 한다. 쓰는 것이 즐겁고 행복해야 한다. 쓰다 보면 지난날의 상처가 떠오른다. 생각조차 하기 싫은데 어찌 글쓰기가 행복이라 할 수 있겠는가 하고 생각한다.

잘 쓰려고 하지 마라. 그냥 쓰도록 해라. 쓰다 보면 나아진다. 조금씩 나아지면 되는 것이다. 처음부터 잘 쓸 수는 없다. 재능을 타고나는 사람이 있을 수도 있겠지만, 많은 사람은 노력하며 재능을 만들어 간다. 나아지는 글을 보며 더욱 잘 쓰고 싶은 마음이 생긴다. 쓰는 것이 우선이기에 잘 쓰고자 하지 말기를 바란다.


잘 쓰려고 한다면 다른 사람에게 보이는 글을 써라. 혼자만 볼 수 있는 글을 쓰는 것보다 훨씬 더 잘 쓰게 된다. 혼자서 글을 쓸 때는 메시지를 전하는 글을 쓰기가 어렵다. 나의 감정을 풀어놓는 글을 쓰기 쉽다. 감정을 글로 쓰는 것이 나쁜 것은 아니다. 쓰지 않는 것보다 글쓰기에 도움이 된다. 하지만 글쓰기 습관을 만들기 위해서는 의식 전환이 필요하다. 글을 쓰는 일은 나만을 위한 행동이 아니라는 것을 알아야 한다. 독자에게 글로써 메시지를 전하는 일이다. 나의 경험이 다른 사람에게 도움이 되도록 하는 일이기에 좋은 일을 하고 있다고 생각해야 한다. 선한 영향력이라는 말이 있지 않은가. 글을 쓰면서 독자에게 좋은 영향을 줄 수 있게 된다는 것을 알아야 한다. 단지 나의 경험은 아픔으로만 남겨지는 것이 아니라는 것을 안다면 글을 쓰는 것이 힘들게만 느껴지지 않을 것이다.

마음이 달라지면 행동이 달라진다. 글을 쓰는 좋은 행위를 하는 나는, 좋은 사람이라 여겨진다. 그러기 위해서는 앉아서 글을 써야 한다. 마음을 바꾸면 습관 만들기가 훨씬 수월해진다.

매일 쓰는 사람이 되려면 글을 쓸 수 있는 환경이 언제나 준비되어 있어야 한다. 마음이 준비되어야 쓸 수 있는 것처럼 주변 환경 또한 준비되어 있어야 한다. 언제나 노트북을 열어서 바로 쓸 수 있게 만들어 놓자. 생각이 나면 바로 적을 수 있는 메모장과 펜을 준비해두자. 쓰고자 하는 마음이 생겼을 때 바로 앉아서 써보자. 마음에 있던 생각들이 한 글자 한 글자 나타날 때 느껴지는 희열감도 느껴보길 바란다. 나의 글이 책이 되어 세상에 나왔을 때의 감동도 느껴보자. 겪어보지 않으면 모를 너무나 큰 감동이다.

매일 쓸 수 있는 습관을 만들어야 한다. 습관이란 한 번 만들어 놓으면 쉽게 없어지지 않는다. 그렇기에 글쓰기는 습관이 되어야 한다. 인생을 살아가는 데 큰 힘이 되기 때문이다. 마음가짐부터 바꿔보자. 쓰는 삶이 얼마나 가치 있는지 스스로 잊지 않아야 한다. 자신뿐만 아니라 다른 사람에게도 응원과 격려를 해 줄 수 있기에 진심을 담아서 정성껏 쓰자. 나에게도 독자에게도 귀한 시간이 될 것이다.

　습관 만들기 어렵다. 글쓰기 습관은 더욱 그렇다. 습관이 되고 나면 글쓰기는 인생을 살아가는 네 큰 힘이 되어 순다. 쉬운 인생 없듯이 글쓰기도 마찬가지다. 누구에게나 어렵다. 우리의 삶이 버거울 때 있지만 모든 순간이 가치 있듯이 글쓰기의 어려움은 가치에 있어 무엇과도 비교할 수 없다. 절대 놓아서는 안 된다. 힘들 때마다 글을 쓰며 한고비씩 넘긴다면 스스로 의지하며 나아갈 수 있을 것이다. 글을 쓰는 동안은 자신을 응원하고 격려하는 시간이 된다. 글 쓰는 습관이 나를 단단하게 만들어 준다는 것을 잊지 말아야 한다. 마음먹으면 마법처럼 이루어진다. 글쓰기 습관, 반드시 만들자.

# 매일 밥 먹듯이 써라

새로운 습관을 지속하는 건 어렵다. 하고 싶지 않거나 하기 어려워서다. 미라클 모닝, 아침 운동, 비타민 챙겨 먹기, 매일 책 읽기, 운동하기 등은 하긴 해야 하는데 실천하기 어렵다. 인간은 편하고 싶은 본능이 있기 때문이다. 매일 빠뜨리지 않고 하는 것은 어떤 게 있을까? 세수, 뉴스 보기, 하루 세끼, 커피 마시기, 유튜브 보기는 즐겁고 좋아하는 일이기에 매일 할 수 있다.

올빼미형 인간이라 새벽형 인간이 되고 싶었다. 미라클 모닝을 위해 새벽 6시에 일어났다. 첫날은 할 만했다. 나도 새벽형 인간이 될 수 있구나 뿌듯했다. 작심 3일은 넘겼는데 4일째부터 피로가 쌓였다. 잠드는 시간이 늦어져 일어날 수 없었다. 다시 굳은 마음을 먹고 새벽에 일어났다. 점점 습관이 붙으니 더 일찍 일어나고 싶었다. 잠드는 시간은 그대로고 일어나는 시간만 당기게 되니 수면 부족이 왔다. 무리가 되어 몸에 이상이 왔다. 건강상 새벽 기상을 멈췄다. 나의 상황에 맞게 조절해야 하는데 미라클에만 맞춘 이유로 실패했다.

글쓰기를 시작했다. 매일 쓰는 습관을 들이고 싶었다. 하루 이틀은 쓸 수 있었다. 하루를 빠뜨리니 핑계가 생겼다. 이래선 실패할 것 같아 다른 방법을 찾았다.

글쓰기 인증을 시작했다. 강제성이 있어서인지 제법 유지가 되었다. 그러던 중 주제가 바닥났다. 글이 마음에 들지 않았다. 글쓰기가 다시 멈춰졌다.

위경련이 났었다. 특별히 맵게 먹은 음식노 없었는데 이유를 몰랐나. 위염이란다. 식습관에 대해 문진하다가 알게 되었다. 입맛 없다고, 시간 없다고 하루 세끼를 무시했다. 시간에 쫓겨 급하게 먹은 게 원인이었다. 밥 먹는 시간이 얼마나 된다고 아꼈을까 후회된다.

지인을 만나면 시간에 해당하는 식사 안부를 먼저 물어본다. 이처럼 삼시 세끼가 중요하다. 글 쓰는 작가는 글 쓰는 끼니를 거르면 안 된다. 매일 써야 한다. 밥 먹듯이 써야 한다.

매일 글을 쓴 지 6개월째다. 시행착오를 겪으면서 터득한 나만의 방법을 소개해 본다.


첫째, 글 쓰는 시간을 정한다.

매일 블로그에 글을 쓴다. 오전에 글 올리는 게 목표인데 막상 올리는 시간은 밤 시간대이다. 일과를 마치고 정리하며 쓰는 게 습관 되었다. 오전 11시와 밤 11시에 블로그 발행하고 싶다. 시계만 보고 저절로 자판을 두드릴 수 있게 습관을 붙였다. 블로그 글을 매일 올리고 있다. 게시글 수가 느는 걸 보면 뜨뜻한 밥을 먹은 듯 든든하다.

둘째, 책을 읽어야 글이 써진다.

글을 쓰려면 책을 읽어야 한다. 내 머릿속은 방앗간이고 독서가 쌀이라 하면, 쌀을 많이 넣을수록 가래떡이 길게 나올 것이다. 책을 읽을수록 좋은 글이 술술 써질 것이다. 좋은 책 읽고 생각하고 글로 쓰는 삶, 생각만 해도 멋지지 않은가. 다양한 책을 읽으면 좋은 문장과 표현법을 배울 수 있다. 영양가 없는 식사로 에너지를 낼 수 없듯이 독서 없이는 글쓰기가 힘들다. 책 읽기가 느리고 힘들다면 문장 독서를 하면 된다. 문장 독서는 창의력과 비판적 사고력을 길러 준다. 마음에 들어오는 문장을 쓰거나 수집하려면 읽은 내용을 재구성해야 한다. 생각과 견해를 다양한 방식으로 표현하면서, 신선한 아이디어나 관점을 발견할 수 있다.


셋째, 잘 쓰려는 마음을 버린다.

블로그 글을 쓰면서 누군가 내 글을 읽고 '좋아요'를 눌러주면 우쭐했다. 점점 하트 개수에 집착했다. 하트를 많이 받는 글에 집중되었다. 마음이 앞서서 글이 뜻대로 써지지 않았다. 그 마음을 내려놓고 '잘 쓰는 것'보다 '쓴다는 것'에만 초점을 맞췄다. 마음이 한결 편했다. '좋아요' 숫자가 안 보였다. 안 써지면 안 써지는 대로 쓴다. 죽이 되든 밥이 되든 글을 종이 위에 뱉어낸다. 글자 크기를 크게 해서 여백을 채워도 괜찮다. 연결하기 힘들면 문장을 여러 개 나열한다. 연결이 안 되어도 괜찮다. 일단 쓰면 다음에 고치면 된다.

넷째, 메모장과 연필과 한 몸이 되어라.

어떤 글을 쓸지가 제일 큰 고민이다. 평범한 일상에서도 늘 다른 감정, 생각이 들어있다. 친구와 전화 통화하면서 글감을 찾기도 한다. 생각만 하면 잊어버리기에 간단하게 메모한다. 종이 모서리라도 닥치는 대로 기록해 둔다. 순간마다 떠오른 아이디어를 모조리 적는다. 빠짐없이 적어본다. 걷다가 잠시 멈춰서 써본다. 화장실, 엘리베이터, 병원. 장소에 상관없이 무조건 적고 본다. 단어가 생각나지 않으면 낙서라도 끄적인다. 쓰는 행위가 점점 재미있어질 것이다.

다섯째, 카메라 렌즈로 본다.

나를 둘러싼 주변을 찍는다. 눈으로 보는 거보다 카메라 렌즈로 보면 전혀 다른 각도의 모습이 나온다. 창밖 풍경, 구름, 집에서 키우는 화분. 커피, 색이 예쁜 것 등을 찍어본다. 어떤 글을 쓸지 생각하고 찍는다. 사진을 오래 쳐다보면 글이 피어오른다. 예쁘고 멋있는 것만 찍지 않는다. 주차장, 길가의 잡초, 커피 속 얼음, 마트에 진열된 과일, 어질러진 내 책상, 흠집 난 청소기 등을 찍다 보면 그 속에서 글감이 꿈틀댄다. 또 다른 재미다.

에너지를 얻기 위해 매일 밥을 먹는다. 살맛 나는 인생을 누리고 싶다면 글을 써야 한다. 매일 쓰는 게 쉽지 않다. 글을 쓰면 좋다. 제일 좋은 건 삶이 정리된다는 것이다. 복잡했던 생각이 객관화되고, 불안감이 줄어들기 때문이다. 글을 쓰는 과정에서 자신의 상황과 감정에 대해 명확하게 인식하고, 해결책을 찾아낸다. 존재감과 가치를 발견하니 글쓰기는 최고의 행위이다.

루틴은 특정한 작업을 실행하기 위한 규칙적으로 하는 일의 통상적인 순서와 방법을 뜻한다. 운동선수들이 자주 활용한다. 좋은 루틴은 목표를 달성하게 도와주고 일상을 단단하게 한다.

매일 글을 쓰기 위한 나만의 의식을 만들었다. 머리를 감고 글쓰기 전용 안경을 쓴다. 글이 잘 써지는 오래된 뿔테 안경이다. 머릿속이 복잡하면 머리를 감는다. 글쓰기 좋은 컨디션이 된다. 이 행위를 반복하니 뇌와 손이 받아들인다. 쓰기 싫고, 안 써지면 이 방법을 쓴다.

반복하면 습관이 된다. '밥 먹듯이' 쓰면 된다.

## 4-7

이경숙

# 333 글쓰기 챌린지

　매일 글을 쓰는 습관을 만들기는 쉽지 않습니다. 하지만 직접 해 본 사람들은 쉽다고도 합니다. 글쓰기를 배우고, 개인 저서를 냈음에도 매일 글을 쓰는 것이 힘들었습니다. 개인 저서를 낸 후 한동안 글을 쓰지 않았습니다. 스스로 나는 글쓰기에 재능이 없다고 생각하며 살았던 타라 책 한 권 낸 것이 내가 할 일 전부를 한 거였다고 생각했습니다. 그렇게 몇 개월을 지냈죠. 『마음 장애인은 아닙니다』의 저자 이진행 작가의 말을 듣고 정신이 들었습니다. 저렇게 몸이 불편한 작가도 매일 오후 두 시면 알람을 맞춰두고 글을 쓴다는데, 나는 뭐 하고 있나 싶었습니다. 그때부터 오전 10시에 알람을 울리게 하고서 글을 썼습니다. 수요일만 빼면 오전 10시가 글쓰기에 알맞은 시간이었습니다. 수요일에는 10시 이전이나 오후 시간으로 하면 될 듯했습니다. 매일 쓴다고 앉아도 하루에 다 쓰지 못하는 경우가 많았습니다. 2, 3일에 한 편 정도 썼습니다. 전혀 하지 않던 일을 그만큼이라도 하는 나에게 스스로 칭찬도 하고 잘하고 있다고 격려도 했습니다. 글을 모으는 폴더가 제법 채워졌습니다. 개인 저서 탈고 후 전혀 쓰지 않았던 때에 비하면 나름

곳간이 찼습니다. 오전 10시를 확보하느라 약속 시간을 모두 정오 이후로 잡았습니다. 어느 날부터인가 그 루틴이 어그러졌습니다. 마음만 급하고 실행하지 못하는 날이 많아졌죠. 오전 10시에 글쓰기 수업을 받는 수요일 외에도 제가 진행하는 책쓰기 수업도 오전 10시, 육아맘들을 위한 특강 시간도 오전 10시로 잡혔습니다. 더 이상 오전 10시는 글을 쓰기에 적절한 시간이 아닙니다.

매일 조금씩이라도 쓰던 때에는 글감도 잘 떠오르고 글도 잘 써지는 느낌이었습니다. 쓰는 것을 자꾸 미루다 보니 글감 잡는 것조차도 쉽지 않았습니다. 어쩌다 글을 쓰면서도 내가 글을 쓰고 있다는 생각이 들지 않았습니다. '매일 글을 쓸 때는 그러지 않았는데' 하는 마음에 속상할 때도 있었습니다. 물론 블로그에 그날그날 포스팅은 거의 매일 하고 있지요. 그 내용은 공지나 책을 읽고 난 후 그에 대한 제 생각인 경우도 많습니다. 책 쓰기에 관한 내용, 수업 진행한 후기를 쓰거나 수업 예정 공지 등일 때가 많습니다. 나만의, 제대로인 글은 거의 없었습니다.

매일 글 쓰는 습관 잡는 것에 대해 이론적으로는 어느 정도 알고 있습니다. 그럼에도 혹시 조금이라도 쉽게 몸에 배게 할 수 있는 방법이 있을까 하는 마음으로 검색해 보았습니다.

먼저 글을 쓰는 목표를 설정한다. 내가 매일 글을 쓰려는 이유를 정했습니다. 저는 현재 라이팅 코치로 활동하고 있습니다. 수강생에게 모범을 보여야 합니다. 나도 이렇게 하고 있다는 모습을 보여줘야 한다는 마음의 부담이 있습니다. 매일 하지 못하면서 강의하려니 스스로 마음이 불편했습니다. 내 강의에 힘이 실리려면 나의 실행이 먼저라는 생각이 들었죠. 지금 시점에 내가 글을 쓰는 목표는 수강생에게 모범을 보이는 것입니다.

둘째, 작게 시작한다. 글을 완성하지 못하는 날이 있더라도 매일 15분, 세 줄 이상은 꼭 쓴다는 목표를 세웠습니다. 물론 15분은 최소 시간입니다. 글 한 편을 쓰려면 최소 두 시간은 잡아야 마음껏 쓴다는 걸 압니다. 실행하지 못하는 날에는 적어도 15분, 세 줄만이라도 쓴다는 목표를 잡았습니다.

셋째, 특정 시간을 정한다. 이번 달은 오전 5시 30분으로 정했습니다. 오전 6시 반에 듣던 수업이 이번 달만 방학입니다. 다음 달에 재개되면 한 시간 정도만 여유 있지만 그때 가서 루틴 일정을 바꾸더라도 지금은 5시 반입니다.

넷째, 글 쓰는 공간을 확보한다. 주방 식탁에서 글을 썼는데 딸들이 모두 나간 후로 지금은 거실에 커다란 탁자를 놓았습니다. 글 쓰는 공간을 거실 탁자로 정했습니다.

다섯째, 방해물을 없앤다. 새벽 시간이라 스스로 스마트폰만 들여다보지 않으면 됩니다. 스마트폰을 최대한 멀리 둡니다.

여섯째, 글쓰기 알람을 설정한다. 전에 설정했던 알람을 다시 설정했습니다. 오전 5시 30분으로.

일곱째, 나의 진행 상황을 알 수 있는 장치를 만든다. 매일 쓰는 글을 모아두는 폴더가 있습니다. 그 폴더에 저장할 때 날짜를 앞에 써서 저장합니다. 내가 쓴 날짜와 쓰지 않은 날짜를 한눈에 볼 수 있습니다. 아날로그로도 뭔가 정리하는 방법도 고려해야겠습니다. 글감 공책 맨 앞에 쓰는 것도 좋을 듯합니다. 글감 공책 맨 앞에 따로 칸을 마련했습니다.

여덟째, 원하는 목표에 도달했을 때 나에게 선물한다. 아이들을 키울 때, 자신들이 수행할 체크리스트를 매일 채우면 한 달에 한 번 보상을 해줬습니다. 나도 한 달에 20편 이상 글을 완성한 경우, 나를 위한 선물로 하루 동안 여행해야겠습니다.

이 밖에도 '책임감을 더하기 위해 어떤 그룹에 속하는 것도 좋다.' '하루 이틀 빼먹어도 스스로 자책하지 말라'는 조언이 있습니다.


저만이 매일 할 수 있는 방법을 생각해 보았습니다. 매일 실행하려면 어떤 행동에 이어서 바로 하는 것이 좋습니다. 아침 루틴을 실행할 때 명상 후, 일기를 쓰고 나서 바로 이어 글을 쓰면 좋겠다는 생각이 듭니다. 주제에 관한 목록을 미리 작성해두고 자리에 앉자마자 바로 쓸 수 있는 시스템을 갖추어야겠습니다. 처음 얼마 동안은 익숙지 않아 잊을 수도 있으니 노트북 전면에 이 내용을 써서 붙여 두었습니다. 몸에 익을 때까지는 최소 21일이 필요하다고 말합니다. 알람이 울리면 바로 노트북을 켜겠습니다.

요즈음 세 가지 챌린지를 하고 있습니다. 이미지 만들기, 바인더 쓰기, 동영상 만들어 쇼츠 올리기. 챌린지 내용에 글쓰기도 포함합니다. 세 가지 챌린지는 각각 10분 이내에 할 수 있는 일인데 글쓰기는 긴 시간이 필요한 챌린지입니다. 챌린지 명칭은 '333 챌린지'. 3일간 하고 작심 3일이 되면 다시 3일을 하며 3개월간 실행하자는 취지의 챌린지입니다. 글쓰기도 '333 글쓰기 챌린지'로 이름 지었습니다. 챌린지 내용은 매일 앉아서 뭐든 쓴다. 쓴 글은 '333 글쓰기 챌린지' 폴더에 모은다. 한 달에 20편 이상 완성하면 자신에게 선물한다.

글을 쓰지 않던 사람이 매일 쓴다는 것은 쉽지 않은 일입니다. 그냥 쓴다는 마음으로 하루하루 실행하면 어렵지만도 않을 것입니다. 나만의 상황에 맞게 계획하고 실행한다면, 그리고 매일 썼는지 스스로 점검한다면 습관이 될 수 있습니다. 3P 바인더 매일 습관 확인란에 글쓰기 항목도 추가했습니다. X표를 하는 기분이 꽤 좋습니다. 우리는 95%의 무의식과 5%의 의식으로 살아간다고 합니다. 5%의 의식에 글쓰기를 심어 넣어 무의식이 될 수 있게, 습관으로 만들어야겠습니다. 제대로인 글쓰기 코치가 되기 위해.

**4-8**

이영숙

# 오늘 써야 성공한다

"당신에게는 매일 규칙적으로 하는 일이 한 가지 이상 있나요?

**'좋은 습관의 단순한 연속'**이 성공을 만든다고 합니다. 오늘 실천한 당신의 좋은 습관으로, 결국 당신이 성공하게 된다는 겁니다. 특히 그 습관이 매일 일기나 글을 쓰는 습관이라면, 성공할 확률이 더 높아집니다. 당신이 마크 트웨인, 오드리 헵번, 엘 루이스처럼 훌륭한 사람들과 똑같이 좋은 습관을 갖고 있기 때문입니다. 그들 모두는 매일 일기 쓰기와 글쓰기를 실천했다고 합니다. 글을 쓰면 생각이 깊어지고, 일기를 쓰면 성장하게 됩니다. 자연스럽게 인생에서 목표한 성공을 얻을 수 있게 되지요. 그런 의미에서 위의 유명인들도 글쓰기 습관의 큰 수혜자입니다. 저도 글쓰기 습관을 얻기 위해 노력해 보았습니다. 이제는 매일 일기와 한 편의 글을 쓰고 있습니다. 아직 글 쓰는 습관이 몸에 배지 않으셨나요? 그렇다면, 글 쓰는 습관을 갖기 위한 저의 몇 가지 방법을 전해드리겠습니다.

첫째로는 **'쓰기보다 읽기'**를 먼저 습관화합니다.

매일 '같은 시간과 같은 환경'에서 책을 읽는 습관을 만들어 두면 가장 좋습니다. 하지만 일상에서 그렇게 규칙적으로 하기에는 어려움이 많습니다. 그때에는 상황에 따라 독서하는 방법을 달리해 자신에게 맞는 독서 방법을 만들어서 지키면 되겠지요. 조건이 어떠하든, 무조건 독서하는 습관을 먼저 가져야 합니다. 독서야말로 글을 쓰는데 필요한 최고의 도구이기 때문입니다. 글쓰기를 위한 영감을 얻고 충분한 시각을 가지기 위해서는 책을 많이 읽어야 합니다. 객관적인 사고와 폭넓은 지식만 얻게 되는 것이 아닙니다. 어휘와 문체 등, 다른 작가의 작품 안에 있는 모든 내용도 글쓰기를 위한 재료로 쌓이게 됩니다. 자신이 쓰려고 하는 글에 대하여도 미리 다양한 자료나 비슷한 다른 책을 읽고 비교해 볼 필요가 있습니다. 쓰고자 하는 내용과 쓸 내용을 선별하는 데에 참고할 수 있습니다. 독서를 통해 얻는 영감은 풍부한 글감을 제공합니다. 그래서 쓰는 습관보다 독서하는 습관을 먼저 가져야 합니다.

읽은 책에서 나온 내용과 느낌은 반드시 요약하여 기록으로 남겨둡니다. 후에 요긴하게 사용할 수 있습니다. 책을 읽는 도중에 떠오르는 생각이나 아이디어도 그때그때 메모로 남기라고 권합니다. 책은 사고와 언어의 광산과 같습니다. 캐내어서 내 손에 넣어야 나의 보석이 됩니다. 읽고 감동하는 것으로 그치지 마세요. 나의 노트로 옮겨와서 담아 놓으면 훗날 닦고 가공하여 빛나게 할 수 있습니다. 이렇게 글감을 모으기 위해서는 쓰는 습관보다 읽는 습관을 먼저 가져야 합니다. 책을 읽는 습관을 갖기 위해 100일 동안 88권의 책을 읽고 매일 인스타에 올린 적이 있습니다. 미국에 체류 중이어서 책도 가지고 있지 않을 때였지요. 모두 아이패드를 이용해 전자책으로 읽었습니다. 그때 하루에 공책 한 페이지 정도의 독후감을 남겨두었습니다. 그렇지 않았다면 지금쯤은 저도 그 내용을 다 잊어버렸을 것입니다. 꾸준히 읽은 덕분에 100일 후에는 생각이 성장했다는 것을 스스로 느낄 수 있었습니다. 이렇게 평소에 독서로 글감 창고를 채워 놓으면 언제든지 글을 쓰기가 수월해집니다.

둘째로 '**글 쓰는 일을 루틴**'으로 만듭니다.

먼저, 매일 일정한 시간을 정하는 것이 좋습니다. 글쓰기를 시작하는 시간과 마치는 시간을 정합니다. 장소도 되도록 일정한 곳으로 합니다. 루틴을 만들기 위한 저의 생활을 예로 들어보겠습니다. 저는 매일 아침, 5시에 일어나서 성경을 읽습니다. 천천히 읽고, 느낌을 공책 한 페이지에 씁니다. 6시 정도에 마칩니다. 성경책과 느낌을 쓰는 공책은 같은 장소에 항상 펼쳐둡니다. 시간과 장소를 일정하게 정해두고 하루 중 제일 먼저 하는 일입니다. 이 루틴을 지키기 위해 저는 나름대로 작은 규칙을 또 사용합니다. 성경을 읽기 전에는 음식을 먹지 않습니다.

다른 방법으로, 일기 쓰기가 있습니다. 일기도 매일 쓰는 분량을 정해두면 좋습니다. 제가 정한 분량은 노트 한쪽입니다. 쓰다 보면 아예 적지도 못한 중요한 일이 남기도 합니다. 그럴 때는 제목으로 단어만 옆에다 적어둡니다. '총명한 머리보다 둔한 글이 낫다.'라는 다산 정약용의 말처럼 일기는 후에 글감을 소환하는 데에 최고의 자료가 됩니다.

또 다른 쓰기 습관은, 목표를 설정해 책을 읽고 독서 노트를 작성하는 것입니다. 목표는 작게 잡을수록 좋습니다. 하루에 10 페이지 이상의 독서를 달성하는 것이, 100 페이지 이상의 독서 목표를 달성하지 못하는 것보다 훨씬 효과적입니다. 루틴을 실행하여 글 쓰는 습관을 만드는 것이 가장 중요한 목적이거든요. 저의 경우, 480쪽이 넘는『월든』이라는 책을 읽을 때는 하루에 10쪽씩 읽고 매일 독서 노트를 작성하였습니다. 작은 목표여도 두 달에 걸쳐서 읽고 쓰면서 글 쓰는 습관을 갖게 되어 뿌듯했습니다.

셋째는 '**문명의 이기 활용**'입니다.

블로그나 인스타, 카카오톡 등 자신의 개인 계정에 매일 규칙적으로 자신이 쓴 글을 올립니다. 이렇게 하는 것은 습관 형성에 크게 도움이 됩니다. 그뿐만 아니라 사람들과의 소통도 가능하게 하며, 자연스럽게 나를 알리게 되기도 합니다. 자신의 성취를 이룰 수도 있고, 다른 사람에게도 좋은 자극을 줄 수 있습니다. 그룹에서 다른 사람과 함께 하면 포기하지 않고 계속할 수 있는 큰 장점도 따라옵니다. 목표를 정하고 지속하는 데에 큰 도움이 됩니다. 이렇게 소셜미디어를 활용하면 시간이 쌓이면서 자신을 홍보하는 결정적인 무기도 됩니다. 저는 2년 전 어느 날 갑자기 '시간을 아끼고 싶어서' 그때까지 하던 인스타그램을 중단하였습니다. 지금 얼마나 후회되는지 모릅니다. SNS와 글 쓰는 습관은 복리 예금과 같습니다. 섣불리 해약하면 손해입니다. 꾸준히 쓰고, 꾸준히 올려서 쌓이면 큰 이익이 납니다.

또한, 클로바노트 같은 다양한 녹음 앱을 활용하면 더욱 쉽게 글을 쓸 수 있습니다. 심지어 걸으면서도 쓸 수 있지요. 특별히 때와 장소를 가리지 않고 목소리만으로도 쓸 수 있는 요즘 세대에 글을 쓰게 된 것은 행운입니다. 인류 역사상 없던 편리한 도구를 잘 활용할 수 있으니 감사한 일입니다. 바위를 쪼아 글자를 새기다가 붓으로 종이에 쓸 수 있게 되자, 사람들은 그러한 문명의 발달에 힘입어 많은 책을 남기게 되었습니다. 지금은 누구나 일상생활에서 손쉽게 마음껏 글을 쓸 수 있습니다. 말만으로도 글이 되는 지금. 우리와 미래 세대는 얼마나 더 좋은 글을 수월하게 남길 수 있을지 기대합니다.

위에서 제가 쓴 세 가지 외에도, 글을 쓰기 위한 습관을 갖기에 좋은 방법은 얼마든지 있습니다. 정작 중요한 것은 실천입니다. 성공한 사람들은 자신이 오랫동안 지켜온 루틴이 있는 것을 봅니다. 김연아, 마이클 조던 같은 운동선수는 말할 것도 없지요. 작가로 성공한 존 스타인벡, 파올로 코엘료, 앤디 워홀, 조지 버나드 쇼, 어니스트 헤밍웨이, 조앤 롤링, 셰익스피어 등은 모두 글 쓰는 루틴을 매일 지켰습니다. 병아리 작가도 그들을 따라 하기 위해 글쓰기 루틴을 만들어 봅니다. 역시, 날마다 글을 쓰기가 쉬운 일은 아니라는 것을 느낍니다. 〈매일 글 쓰는 단순한 습관〉이 곧 저와 여러분의 성공입니다. 여러분의 글 쓰는 습관을 응원합니다.

## 4-9

이윤정

# 써라, 공유해라, 즐겨라

2023년 7월 31일은 매일 읽고 쓰는 습관 2,300일을 기록한 날이다. 2017년부터 단 하루도 거르지 않았다. 2022년 10월 어느 날, 요양병원에서 엄마가 돌아가셨다는 전화를 받았다. 읽고 있던 『작가의 인생 공부』를 챙겼다. 매일 읽었다. 매일 생각했다. 매일 기록했다. 매일 공유했다. 사람들이 가끔 묻는다. "어떻게 그렇게 꾸준히 하세요?" 그럴 때마다, 김연아 선수의 말이 떠오른다. "무슨 생각을 해. 그냥 하는 거지." 평생 독서하겠다고 다짐했을 뿐, 멈추지 않고 지속할 수 있었던 이유에 대해 깊이 관심을 가져본 적 없다. 이번 기회에 매일 쓰는 이유를 정리해 보니, 일곱 가지 습관 덕분이었다.

첫째, 매일 기록하는 목표가 있다. '쓴다'라는 목표를 잊지 않아야 한다. 목표를 떠올리려면, 반복, 반복, 반복하는 습관이 우선 필요하다. 아침마다 계획을 세워도 직장에서 하루 종일 일하다 보면, 잊어버리기 일쑤였다. 퇴근 무렵 되어서나, 잠들기 전에 생각이 난다. 피곤하고 졸리니 포기하고 싶은 마음이 생긴다. 대책이 필요하다. '매일 잠들기 전까지 무조건 한다.'라는 목표를 정했다.

둘째, 정해진 시간에 무조건 쓴다. 일어나자마자 가장 먼저 독서하고 생각을 쓰고, SNS에 공유한다. 무언가 해내려면, 우선순위를 높이는 게 중요하다. 먼저 그 일을 마치고 나면, 다른 일할 때도 마음이 편안하다. 이미 목표 하나 성공한 상태이기 때문이다. 어떤 습관을 만들 때 우선순위에 밀리면, 실패하기 쉽다. 지속하기 어려운 이유 중 하나다. 가능하면 새벽이나 아침 시간을 활용할 때 성공할 가능성이 높다.

셋째, 아주 쉽게 한다. 아주 길게 한다. 쉽게 해야, 매일 할 수 있다. 어렵거나 힘들면 포기하기 쉽다. 평생이라는 시간 지평으로 길게 바라볼 때, 여유가 생긴다. 매일 하면 무리하지 않는다. 단 한 줄 쓰겠다는 마음으로 시작했더니, 7년째 하루도 빠지지 않고 글을 발행하고 있다.

넷째, 습관에 숫자를 붙인다. 주의할 점은, 중간에 멈추면, 새로 시작하는 것이다. 즉, '0'부터 다시 시작한다. 이 숫자가 매일 쓰는 행위를 포기할 수 없게 만드는 '석세스 넘버(Success Number)'다. 만약 당신이 1,000일을 넘겼다면, 여기서 포기할 수 있겠는가? '66일 습관 만들기', '100일 프로젝트'를 목표한 뒤 성취감을 맛보고 종료하지 않기를 바란다. 프로젝트를 100일이 아니라 10배, 20배, 한계를 두지 않는 도전이 필요하다. 100일을 100개, 200개 만들어 보자. 당신의 끈기를 보여 주는 내공의 숫자다. 멈추지 않으면, 누구도 따라오지 못한다. 숫자가 아까워서, 매일 쓸 수밖에 없다.

다섯째, 글을 나눌 동료가 있다. SNS에서든 지인이든 목표가 비슷한 사람들에게 오늘 쓴 글을 공유한다. 함께 하는 것이다. 재테크 정보, 경제 신문, 책 문장, 글을 써서 가족에게 공유하니, 잔소리라 여긴다. 취향 비슷한 사람, 목표 비슷한 사람과 함께 하면 된다. SNS를 권하는 이유다. 블로그, 인스타그램, 유튜브, 카카오톡 오픈 채팅방 등 SNS 계정 활성화에 관심이 있는 사람과 소통하면 즐겁게 지속할 수 있다. 매일 무언가를 하는 한두 사람의 SNS 계정을 찾아보자. 무조건 먼저 댓글이라는 선물을 준다. 조금씩 반응이 보인다. 서로 동기부여 해주는 동료가 될 수 있다. '든 자리는 몰라도, 난 자리는 안다'는 속담이 있다. 당신이 글을 쓰지 않으면, 상대방은 당신이 궁금하거나 걱정하게 될 것이다. 상대방을 위해 매일 쓴다. 소통하는 오픈 채팅방이 있다면, 공유해도 좋다. 누군가 내 글을 기다리지 않을까 생각하면, 매일 쓸 수 있는 환경을 만들 수 있다. 당신은 주는 사람이다. 마음에 드는 사람을 찾을 수 없다면, 네이버 검색창에서 '더블유와이랑' 계정을 검색하여 댓글을 남겨보기 바란다. 당신을 응원할 것이다.

여섯째, 글감 먼저 찾는다. 매일 쓰려고 해도 쓸거리가 없어서 못 쓰는 경우가 있다. 창의성도 없고, 매일 블로그에 포스팅하려니 뭘 써야 할지 고민이다. 책에 답이 있다. 모임에서 먼저 말 걸기가 어려웠다. 다른 사람이 한마디 하면, 그제야 할 말이 떠오를 때가 많았다. 하루 10

분 책을 먼저 읽고, 글감을 떠올렸다. 책과 관련된 내용이 아니라도, 어제 일이든, 과거의 일이든 연결고리를 찾는다. 글감이 생기면, 한 줄이라도 쓸 수 있다. 매일 읽고, 매일 쓰는 습관이 동시에 길러진다.

일곱째, 아프지 않아야 한다. 가장 중요하다. 평소와 달리 몸이 아프면, 만사 귀찮다. 글을 쓸 때도, 책을 읽을 때도, 루틴을 이어가려면 평소에 건강을 챙겨야 한다. 직장 다닐 때는 매일 틈새 운동으로 하루 업무를 시작했다. 무리해서 운동하러 가지 않아도, 근육 운동할 수 있다. 매일 3분씩 다섯 세트만으로도 하루 운동 효과가 충분했다. 출근하면 대략 오천 보 정도 걷는다. 퇴근 후 집 근처에서 칠천 걸음을 마저 채웠다. 무라카미 하루키는 소설가이자 매일 달리는 작가다. 체력이 유지되어야 매일 쓸 수 있다.

매일 읽고, 쓰는 습관으로 신뢰(FAITH)를 쌓는다. 『평단지기 독서법』에서 신뢰(F.A.I.T.H)는 가족(Family), 행동(Action), 나(I), 생각(Thought), 행복(Happiness)이었다. 매일 쓰는 습관도 모두 책을 통해서 가능했다. 만약 쓰지 않고, 매일 독서만 했다면, 지난 7년의 꾸준함을 유지하지 못했을 것이다. 매일 생각을 기록했더니, 좋아하는 것, 잘하는 것, 즐거운 것을 발견할 수 있었다. 책 한 권 쓰기, 100일 포스팅이라는 목표는 달성하면 지속해나갈 이유가 어느 날 사라진다. 독서, 글쓰기, 운동은 디데이가 없다. 애쓰지 않고, 그냥 하는 행동이 필요하다. 숨 쉬듯이, 밥 먹듯이, 물 마시듯이 그냥 읽고, 그냥 쓰고, 그냥 움직인다.

매일 쓴다. 글에서 자신을 발견한다. 매일 공유한다. 공감하는 팬이 나타난다. 매일 즐긴다. 평생 지속할 수 있다. 매일 쓰는 행위만으로도 대단하다는 이야기를 들을 수 있다. 한 줄씩 쌓이는 속도의 묘미를 맛보는 순간 매일 쓰는 습관이 만들어진다.

**4-10**

정성희

# 나이 들면 글쓰기가 가장 좋은 친구

예순에 만난 글쓰기 덕분에 혼자 살아도 외롭지 않습니다. 책 쓰기 모임에서 매주 글공부하는 친구들을 마주하며 동기부여 합니다. 그렇다고 해도 하얀 빈 종이를 마주하면 무엇을 써야 할지 막막하고 두렵기만 합니다. 무에서 유를 창조하는 일이니 거저 될 리는 없을 것입니다. 두려움에서 벗어나는 방법은 재지 말고 그냥 써봐야 합니다. 문득 떠오르는 키워드가 있다면 흘려보내지 않는 게 중요합니다. 즉시 메모한 후 꼬리 물 듯 글을 이어가는 거지요. 첫 글자를 시작으로 한 문장을 쓰니, 글이 술술 이어지는 신기한 경험도 하게 됐습니다. 글은 쓰면 쓸수록 늘겠지요. 오늘도 내일도 덮어놓고 그냥 써보는 겁니다. 그냥 써보는 매일 글 쓰는 습관 만들기 세 가지 방법은 다음과 같습니다.

## (1) 메모하기

메모는 글쓰기의 중요한 실마리가 됩니다. 항상 수첩과 펜을 손에 들고 다니면 좋습니다. 순간 떠오르는 생각을 놓치지 않고 붙잡기 위해 즉시 적어야 합니다. 긴 문장으로 쓰지 않더라도 괜찮아요. 간단한 키워드와 짧은 문장만 적어놔도 나중에 연결해서 쓸 수 있는 자료로 활용할 수 있습니다. 타고난 글쓰기 재능이 없어도 꾸준히 쓰면 실력이 늡니다. 그만큼 많은 양의 글을 써보는 훈련이 필요하겠지요. 손으로 쓸 여건이 안 될 때도 있지요. 그럴 때도 메모하는 방법이 있어요. 움직이는 도중에도 스마트폰을 활용해서 음성으로 메모할 수 있습니다. 네이버 메모장이나 구글 Keep, 클로바노트 등 여러 디지털 도구 중 익숙한 걸로 사용하면 편리합니다.

　이렇듯 글을 쓰려고 한다면 평소 메모하는 습관이 중요한데요. 메모의 중요성을 강조하지 않은 작가는 만나기 힘든 것 같습니다. '글을 잘 쓴다는 것은 잘 생각한다는 것이다.'라고 몽테뉴의 『수상록』에서도 전해주었지요. 생각을 많이 할수록 깊이가 있고, 살아 있는 글이 된다는 뜻입니다. 버스를 타고 가다 불쑥 떠오르는 생각이 있다면 그 순간을 놓치지 말고 메모합니다. 최소단위인 키워드만 나열하는 수도 있지만, 나중에 들춰봤을 때 맥락이 연결이 안 되어 난감했던 경험이 있습니다. 왜 그런 메모를 했는지, 짧은 문구라도 부연 설명이 있으면 메모의 의도를 이어 나갈 수 있겠지요.

## (2) 마감 시간 정하기

매일 마감 시간을 정해 놓고 글을 써보세요. 잘 써야 한다는 강박 내려놓고 생각나는 대로 쏟아내는 데 중점을 둡니다. 마감 시간을 정해 놓으면 어떻게든 쓰게 됩니다. 스스로 약속한 마감 시간을 지키는 좋은 방법은 블로그에 포스팅하는 거예요. 자신에게 가능한 하루 중 편한 시간을 택하면 효과적입니다. 자정을 마감으로 정해 써봤더니, 마감 시간이 다가올수록 긴장감이 고조되어 잠을 설치는 부작용도 있었습니다. 마감 시간을 자정이 아닌 정오로 잡으면 남은 오후가 편안해지지 않을까요?

일기 쓰기는 아주 좋은 글쓰기 방법이지만, 지극히 사적인 공간이라 긴장감은 못 느끼지요. 일기를 블로그에 쓰면 단 한 명이라도 독자가 존재합니다. 타인을 의식하며 글쓰기를 하면 배포도 늘고 글근육 붙는 속도도 빨라져요. 성취감을 느낄 수 있다면 글쓰기 습관들이기에 최고라 생각합니다.

처음부터 욕심부릴 필요는 없어요. 예를 들면, 오늘 겪었던 일 중에 기억에 남는 에피소드가 있다면 단 한 줄이라도 써보는 거예요. 그리고 사진 한 장 넣으면 됩니다. 글의 양보다 마감 시간을 지켰다는 게 중요하니까요. 다음날은 두세 줄로 늘리면서 글쓰기 습관이 차츰 몸에 배게 합니다.

## (3) 도서관으로 출근하기

나이 들어 남편이 집에 있으면 밥 차려 주는 며느리도 힘들고 배우자도 불편해한다고 들었습니다. 70세가 넘고 80세가 넘은 나이에 아무것도 안 하고 집에 있으면 당사자도 답답할 수 있습니다. "괜히 천덕꾸러기 취급받지 말고, 해만 뜨면 무조건 집을 나가라"라고 깅조하는 어느 강사의 말이 일리 있게 다가왔습니다. 그런데 어디로 나가야 할까요? 아마 경로당으로 출근하겠지요. 시골에 계신 80대 이모에게 전화하면 노인회관에서 고스톱 하느라 통화할 시간이 없습니다. 물론 나이 들어도 할 일도 있고 능력 있는 분들은 갈 곳이 많겠지만요.

천호공원 안에는 해공도서관이 있습니다. 열람실 창밖으로 나무와 꽃이 한눈에 들어오는 공원 마당이 펼쳐져 보기가 좋습니다. 도서관에 들어가면 백발의 노인들이 신문을 뒤적거리는 모습이 눈에 띕니다. 열람실에서 책을 보는 분들도 있습니다. 졸고 있나 흘끔 쳐다보면, 눈을 감고 있는 것 같아도 돋보기를 든 손이 움직이고 있습니다. 어떤 땐 말을 붙여보고 싶기도 합니다. "무슨 책을 읽으세요?" "책을 읽는 이유가 무엇인가요?"

어쨌건 호기심을 잃지 않고 뭔가를 공부하는 열정이 멋지고 존경스러웠습니다. 나도 노인회관 말고 도서관에서 나이 들면 되겠다고 생각했습니다. 물어보진 않았지만, 그분도 글쓰기를 위해 책을 보고 계셨던 건지 모릅니다. 어떤 문장에서 불현듯 살아온 자신의 이야기가 떠오를 것이고, 그럴 때면 놓치지 않고 메모하겠지요. 키워드 하나를 적다가, 문장으로 확장하고 문단을 구성해 한 편의 글을 완성해 나갈 것입니다. 한 꼭지씩 40여 개를 모으면 책으로 엮어보겠다는 목표를 세웠겠지요. 어느 날 출간한 책을 들고 가면 가족들도 깜짝 놀라지 않을까 상상해 보았습니다.

나이 들수록 글쓰기를 생활화했으면 좋겠어요. 매일 글 쓰는 습관을 통해 자기 효능감을 높여갔으면 합니다. 오늘 단 한 줄만 썼어도 성공입니다. 매일 쓰는 사람을 작가라고 하니까요. 나도 작가라는 최면을 걸고 뭐든지 써버리겠다 작정해보세요. 뭘 써야 할지 막막할 때는 내가 서 있는 자리를 한번 돌아보세요. 지금 내가 하는 일에서 전해줄 말은 없는지 생각해 보기도 하고요. 오늘 나를 스쳤던 사람들을 찬찬히 들여다보면서 이야깃거리를 떠올려 보기도 합니다. 내 주변의 일상에서 메시지를 찾으려는 생각으로 접근하면 글쓰기가 재밌어질 거예요. 평범한 일상을 글감으로 만들기 위해서는 촉을 세워야 해요. 남과 다른 각도로 관찰하려는 나만의 노력을 곁들여야 한다는 점만 기억하면 되겠습니다.

남과 다른 각도라는 건, 과감하게 뒤집어보고 비틀어보는 발상이 필요하다는 뜻입니다. 즉 깊게 넓게 관찰하세요. 어떤 시각으로 어떻게 보느냐에 따라 나만의 독창적인 글이 나옵니다. 나만의 글을 쓰는 게 처음엔 쉽지 않을 수도 있어요. 그래서 배짱을 꺼내 뻔뻔해질 필요가 있습니다. 뻔뻔함도 용기입니다. 앞에서 말했듯이 정 두렵다면 일기장에 토해내는 훈련을 해 보세요. 혼자만 보는 일기장에는 어떤 말, 어떤 표현을 하든 상관없을 테니까요. 일차적으로 일기장에 속마음을 다 털어내었으면, 숙고한 후 글감으로 다듬어 남들도 볼 수 있게 공개해보세요. 똑같은 상황이라 해도 약간의 각색을 통해 의미화하고 메시지를 전달하면 타인을 돕는 글감이 됩니다. 도서관에서 만난 백발의 그분도 어쩌면 틀림없이 글을 쓰는 중이었을 겁니다. 나이 들어 집에서 푸대접 받을 기미가 보이면 도서관으로 출근하길 바랍니다. 세상과 타인을 위한다는 마음을 담아 매일 글을 쓰는 당신, 참 멋진 인생입니다.

**4-11**

황은희

# 천 리 길도 한 걸음부터

카프카는 "일상이 우리가 가진 인생의 전부다."라고 했습니다. 글을 잘 쓰기 위해서 중요한 것은 매일 반복하는 습관을 만들어야 합니다. 일정한 장소와 시간을 정해 놓고 글쓰기를 쓰면 좋아요. 처음에는 매일 반복해서 글을 썼는가에만 중점을 두면 됩니다. 주변에서 경험한 일상을 기록하는 습관을 만들면 됩니다. 천릿길도 한 걸음부터입니다. 매일 하나씩 쓰는 방법을 세 가지를 소개합니다.

첫째, 작은 목표로 일기 쓰기부터 간단하게 시작합니다. 매일 단 한 문장이라도 글을 쓰는 것으로 충분합니다. 이러한 작은 목표를 달성하면 글 쓰는 습관을 더 쉽게 유지할 수 있습니다. 이때, 일상의 반복되는 주제로 인해 글쓰기가 지루해지기 쉽습니다. 매일 다른 주제를 선택하거나 자유 주제로 글을 쓰면 창의성을 더욱 촉진할 수 있습니다. 다음은 일상의 경험을 토대로 글을 써본 사례입니다.

우리 반에 40명이 모여 요양보호사 자격시험 공부를 한다. 나이대를 보니 60에서 70 사이가 가장 많았다. 시어머니를 집에서 모시려고 배운다고 한다. 70세 남성은 마누라가 머리에 꽈리 수술하러 병원에 갔다가, 아직 의식이 돌아오지 않았다며 울먹이며 말한다. 마누라 정신 있을 때, 더 잘해야 한다며 후회한다. 옆에 있을 땐 몰랐는데 막상 병원에 누워 있으니 못 해준 것만 생각났다고 한다. 퇴직하고 실업 급여 받는 사람이 많았다. 집에 있는 사람들은 주위에 친구들이 대부분 요양보호사 자격을 가지고 있다고 했다. 알고 보니 자기만 없다는 사실에 놀랐다고 한다. 가족 부양목적으로 국민 내일배움카드로 등록했다. 생활에 많이 쓰이는 상식이 대부분이다. 우리나라 노인 인구 증가와 노인의 건강을 도움 주는 요양보호사는 시대에 맞는 자격증처럼 보인다. 보건 상식을 알게 되어 교육을 잘 받았다. 내 건강을 들여다보는 시간이다. 앞만 보고 살아 건강관리 할 때가 된 것 같다. 의료기술 발달로 치매 인구가 증가하고 있다고 한다. 참 무섭다. 치매를 집에서 부양하던 가족이 파멸에 이른 사례도 있다. 이젠 집에서 모시지 말고, 요양시설에 맡기고 미안해하며 살라고 조언한다. 가족도 살리고 환자도 사는 길이다. 요양시설에는 다양한 프로그램이 있다. 운동하고 노래, 서예, 만들기 등 교육 활동도 다양하며, 의료시설도 있어 환경이 좋다. 요양보호사 자격시험에 합격함으로써 노후설계까지 할 수 있어서 좋았다. 칠십이 넘은 사람도 요양보호사를 한다. 국가가 인정한 요양보호사 자격은 중장년층 일자리 창출과 독거노인들의 안녕에도 크게 기여하고 있다.

둘째, 고정된 시간과 장소를 정해둡니다. 일정한 시간과 장소를 정하면, 글 쓰는 습관을 형성하기가 더 쉽습니다. 매일 새벽에 일어나자마자, 30분 동안 글을 씁니다. 아침에 일찍 일어나지 못하는 사람이라면, 저녁에 침대에 눕기 전에 일기를 쓰면 됩니다. 자신만의 고정된 시간과 장소를 선택하고 쓰기만 하면 됩니다. 고정된 시간과 장소를 정하면 일관성 있는 습관을 형성할 수 있습니다. 매일 같은 시간에 같은 장소에서 글을 쓰면, 뇌가 이를 예상하고 글 쓰는 모드로 전환하게 됩니다. 고정된 시간과 장소를 통해 글쓰기가 예상되는 활동으로 바뀌면, 글쓰기 시간에는 일상생활의 스트레스를 잠시 잊고 글 작업에 집중하게 됩니다. 습관이 자동화되면 뇌가 더 적은 에너지를 소비하고 효율적으로 작동할 수 있습니다.

셋째, 글쓰기 모임에 참여하여 함께 씁니다. 글쓰기 모임에 가입하거나 함께 쓰는 동료를 찾아보세요. 다른 사람과 글을 써서 나눠 읽으면서 서로를 격려하는 것은 글쓰기 습관을 유지하는 데 많은 도움이 됩니다. 글을 혼자 쓸 때는, 한 줄 쓰는 것조차 머리가 멍해지면서 생각이 떠오르지 않습니다. 내가 쓴 글이 제대로 보이지 않습니다. 혼자 쓰려고 했더니, 무조건 잘 써야 한다는 강박감이 생겨서 글을 쓰기가 어려웠습니다. 글쓰기 모임에 참여하기로 마음먹었습니다. 글쓰기 모임에 참여했더니, 일단 쓰라고 합니다. 조각 글이라도 내가 쓴 게 있다면, 주제에 맞게 연결하여 문장이 되었습니다. 문장을 모았더니 한 편의 글이 됩니다. 함께 쓰는 동료들이 읽어주니, 피드백을 받을 수 있었습니다. 칭찬도 받습니다. 용기가 납니다. 점점 글을 더 쓰고 싶어졌고, 글 쓰는 실력이 점점 나아졌습니다. 동기부여가 요소가 되기도 했습니다. 다양한 참여자들과 이야기를 나누다 보니 내 안에 있는 경험과 글감이 새로 떠올랐습니다. 쓸 거리가 점점 늘어났습니다.

작은 목표로 일기 쓰기부터 간단하게 시작합니다. 일기는 고정된 시간과 장소를 정해 두고 꾸준히 씁니다. 글쓰기에 취미가 생기기 시작할 때, 글쓰기 모임에 참여하여 함께 쓰면 됩니다. 시간 날 때마다 끄적끄적 키워드를 메모해두면 일기 쓸 때도 풍성한 내용으로 채울 수 있습니다. 예를 들면, 다음과 같습니다.

아들과 대화를 수고받다가 이런 키워드가 떠올랐습니다. 돈, 간섭, 결혼, 후회, 보컬, 자기 계발, 애인, 귀엽다, 꽃바구니, 선물, 마음 에쁘다, 용돈 3만 원. 이 키워드로 글을 써 봅니다.

아들이 돈을 좀 벌었다. 자기 계발하고 운동하는데 돈을 다 투자했다. 돈을 투자했더니 애인이 생기고, 결혼 생각도 없다더니 결혼까지 생각하는 모습을 보았다. 대견하고 예뻤다. 돈을 많이 쓰지 말라고 했더니, 아들이 간섭하지 말라고 한다. 아들 인생이 내 인생의 일부라고 생각했지만, 아들 인생은 아들 인생인 듯하다.

딸과 대화를 주고받다가 이런 키워드가 떠올랐습니다. 11시 퇴근, 직접 옷 다림, 뭘 입을지 고민, 예쁘다, 요조숙녀, 사회생활, 꼰대. 이 키워드로 글을 써봅니다.

딸이 직장 생활을 처음 시작했습니다. 출근할 때 입을 옷이 없다고 뭘 입을지 고민하고 있습니다. 어느 사이 요조숙녀가 되었습니다. 출근하는 모습을 보니 예쁩니다. 하지만, 업무가 많아 11시에 퇴근을 하는 경우가 많습니다. 집에 오면 힘들다고 한마디 합니다. 그 모습을 보고, 직장 생활은 원래 힘들다, 일 많은 것도 행복한 것이라고 말했습니다. 딸은 힘든 거 알고 있지만, 위로받고 싶은데 엄마가 답만 제시한다고 훌쩍일 때가 있습니다. 역시 엄마는 공감하지 못하는 T형이라고 합니다.

어떤가요? 키워드만 메모로 적고 글을 썼습니다. 아무것도 없이 쓰려고 하면, 한 줄 쓰기가 어렵지만, 키워드라도 적으면 쉽게 글 몇 줄을 쓸 수 있습니다.

아리스토텔레스가 "한 사람을 규정하는 것은 그가 매일 반복적으로 하는 일이다. 그러므로 위대한 것은 습관이다."라며 글쓰기를 강조했습니다. 글쓰기를 배우고, 꿈이 생겼습니다. 대단한 글이 아니어도 됩니다. 세상에 휘둘리지 않고 단단하게 살 수 있는 자신감이 생겼습니다. 밉게만 느껴졌던 남편조차 나로 인해 힘든 삶을 살지 않았나 하는 미안한 마음이 들었습니다. 글쓰기는 용서하는 힘을 주었습니다. 글쓰기는 이제 평생 가야 할 친구라고 생각합니다. 천릿길도 한 걸음부터입니다. 편하게 즐기면서 쓰면 됩니다. 저의 경험이 글쓰기가 힘든 사람들에게 도움이 되었기를 바랍니다.

# 마치는 글

## 1. 김미예 작가

본캐와 부캐 모두 욕심냈습니다. 두 배로 집중해야 했습니다. 한 페이지 쓰기 급급했던 내가 백지 위에 나의 이야기를 써 내려가면서 마음의 안정을 찾았습니다. 글을 쓰면서 나도 다른 사람을 도울 수 있다는 확신을 갖게 되었습니다. 글쓰기가 주는 의미와 가치를 세상 사람들에게 전하고 싶었습니다. 내 인생이 달라지고 있었으니까요. 독자에게 내 어깨를 내어주는 든든한 버팀목이 되어주려고 합니다. 글을 쓰면서 알게 된 재미를 독자와 나누고, 용기를 내어 쓸 수 있게 도와드리고 싶습니다. 당신 차례입니다!

## 2. 김위아 작가

매년 9월 초, 즐거운 고민을 한다. 아이스 라테를 마실까, 핫 라테로할까. 작가가 되기 전에는 하나 골라 마시고 끝이었다. 지금은 달라졌다. 보고 듣고 느낀 모든 것이 글감이다. 9월 2일, 밤 9시 23분. '마치는 글'을 쓰고 있다. 'W.milk 1 shot' 스타벅스 숏 사이즈 라테를 마시면서…. 별거 아닌 일상인데 책에 남기니 소중해진다. 그냥 흘려보낼 기억을 손끝으로 가치 있게 만드는 것. 쓰기의 매력이다. 그래! 단 한 순간도 놓치지 않겠다. '쓰기'로 행복을 전하는 라이팅 코치, 김위아니까!

### 3. 서영식 작가

글을 쓰는 과정에서 내가 누구인지 알아갑니다. 쓰면 쓸수록 몰랐던 내 모습이 보입니다. 신기하고 재미있습니다. 마음이 편안해지는 글쓰기의 기쁨을 알려드리고 싶습니다. 글쓰기는 혼자서 합니다. 나와 만나는 소중한 경험을 할 수 있습니다. 어떤 일이든 시작이 중요합니다. 방법도 알아야 합니다. 글을 쓰는 방법을 알면 한 줄이라도 쓸 수 있습니다. 누구나 자신만의 이야기가 있습니다. 있는 그대로 생각을 밖으로 꺼낼 수 있습니다. 삶의 글이 쌓이면 나뿐만 아니라 읽는 사람에게 도움을 줄 수 있습니다.

## 4. 서한나 작가

글쓰기를 어려워하는 사람들이 많습니다. 쓰고 싶은 마음에 비해 잘 써지지 않는다고 말합니다. 어떻게 하면 잘 쓸 수 있을지 비법을 찾기도 합니다. 글쓰기를 배워 보니 특별한 비법은 없다는 것을 알게 되었습니다. 그저 매일 쓰는 것이 최선이지요. 주제 정하기, 분량 채우기, 메모하기, 쓰기가 익숙해질 때까지 연습과 노력이 필요합니다. 한 번에 멋진 글을 쓰길 바라는 것은 욕심임을 깨닫습니다. 오늘도 그저 쓰는 사람이 되고 싶습니다.

## 5. 송진설 작가

매일 글을 쓰며 살고 싶습니다. 글쓰기의 의미와 가치를 알게 되며 삶이 달라지고 있어요. 어떻게 써야 하는지에 대한 물음은 어떻게 살아야 하는지에 대한 물음으로 바뀌었답니다. 주제에 맞는 글을 쓰며, 나의 가치관에 맞게 살아가려고 노력하고 있어요. 잘 쓰기 위해 잘 살아야 한다는 말이 맞는 말입니다. 글 속에 나의 이야기가 담깁니다. 독자에게 건네는 메시지에 전하고자 하는 간절한 마음까지 담습니다. 오롯이 글 쓰며 살아가겠습니다. 글 쓰는 시간 속에 모두의 인생이 영글어가기를 기원합니다.

## 6. 안지영 작가

보석 디자이너로 근무할 때, 값비싼 보석을 수없이 봤습니다. 조명받아 환한 빛을 내던 엄지손톱만 한 다이아몬드보다 매일 글 쓰는 지금의 삶이 눈부시게 느껴집니다. 라이팅 코치로서 두 번째 공저인데 마지막 퇴고할 때까지 손에서 놓지 못했습니다. 초고보다 퇴고의 참맛을 느꼈습니다. 글쓰기 매력 덕분에 날마다 새롭습니다. 아쉬운 점이 있다면 좀 더 일찍 글쓰기를 시작하지 못함이 애석합니다. 매일 읽고 쓰는 삶 속에서 진정한 삶을 찾아서 다행입니다. 오랫동안 빛을 잃지 않는 라이팅 코치로 거듭나고 싶습니다.

## 7. 이경숙 작가

어릴 적 꿈이 선생님이었습니다. 꾸준히 누군가를 가르쳤습니다. 학원 강사로 학습지 교사로 학원장으로. 그도 저도 아닐 때는 이웃집 아이 과외선생님으로. 또는 엄마들 영어 선생님으로. 글을 쓸 수 있을 거라고 생각조차 해 본 적 없이 살았습니다. 그랬던 제가 이순(耳順)의 나이에 책을 냈습니다. 책 쓰기 코치도 되었습니다. 다른 누군가에게 글쓰기가 좋다는 걸 알리고 싶어서였습니다. 아직 글쓰기나 책 쓰기에 관심 없는 이 책을 읽는 독자님도 책을 쓰고 달라진 삶을 살 수 있길 바라봅니다.

## 8. 이영숙 작가

우연히 알게 된 자이언트 북 컨설팅에서 독서와 글쓰기를 만났습니다. 뒤늦게 시작한 책 읽기를 통해 인생의 진정한 가치를 보게 되었습니다. 글을 쓰다가는 나를 재발견하였고, 마음의 힘을 회복했습니다. 너 많은 사람이 독서와 글쓰기의 혜택을 누렸으면 좋겠습니다. 이제부터는 라이팅 코치로 활동할 예정입니다. 사람들이 자신의 가치를 발견하고 더 지혜롭고 행복해지도록 이끌어 주고 싶습니다. 잘 살기 위해 노력하는 이웃과 함께 읽고 쓰는 삶에 집중하며 살겠습니다.


## 9. 이윤정 작가

작가는 독자 오타쿠다. 오직 독자다. 잘 모르는 것은 배우고 익혀서, 해결하는 여정과 생각을 SNS에 기록하면 독자가 모여든다. 당신에겐 이미 쓰지 못하고 있는 글감이 100개는 족히 있을 것이다. 더 많은 생각이나 경험이 필요하지 않다. 이미 살아낸 것만으로 충분하다. 쓰겠다는 마음만 있으면, 작가가 된다는 사실만 깨달으면 된다. 무슨 글을 쓰더라도, 극단적으로 자기 경험과 연결하여 나온 글로 독자를 돕겠다는 마음은 필요하다. 책 한 권만 쓰지 마라. 당신도 매일 쓰면, 어쩌다 노하우가 생길 테니 말이다.

## 10. 정성희 작가

만나는 사람마다 책 한번 써보라고 권합니다. 대부분 '책을 뭐 아무나 쓰나?'라며 손사래 칩니다. 글을 한 번도 써본 적이 없어 엄두가 나지 않는다고 합니다. 그냥 무작정 쓰면 됩니다. 쓰겠다 마음먹으면 어떻게든 길이 열립니다. 삶의 경험을 자녀에게 들려주듯 이야기해보세요. '이런 것도 글이 된다고?' 싶을 만큼 만만하게 접근해보기를 바랍니다. 글쓰기를 시작하면 글 쓰는 능력도 향상됩니다. 시작하기에 너무 늦을 때란 없습니다. 50대, 60대에게 평생 은퇴 없는 작가라는 직업을 권하고 싶습니다.


## 11. 황은희 작가

간절함은 나에게 도전이라는 기회를 주었다. 변하고 싶었다. 할 수밖에 없는 상황을 만들었다. 읽고 쓰는 삶 속에서 진짜 나를 발견했고, 변해가는 중이다. 글쓰기는 살아가는 의미를 알려 주었다. 과거를 반성하고 현재의 돌아보는 시간 속에서 여유라는 빈 여백을 찾았다. 살아 있는 것만으로 얼마나 대단한 삶을 살고 있는지 알게 되었다. 한 번뿐인 인생이다. 가장 나답게 살기 위해 도전하고 실패한다. 절대로 절대로 멈추지 마라. 멈추면 실패니까.